心一堂當代術數文庫 占筮類

象數易——六爻透視：病在何方

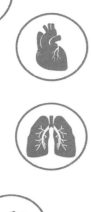

愚人 著

書名：象數易 —六爻透視：病在何方
系列：心一堂當代術數文庫・占筮類
作者：愚人
責任編輯：陳劍聰

出版：　心一堂有限公司
通訊地址：香港九龍旺角彌敦道六一0號荷李活商業中心十八樓0五-0六室
深港讀者服務中心：中國深圳市羅湖區立新路六號羅湖商業大廈負一層008室
電話號碼：(852) 67150840
網址：publish.sunyata.cc
電郵：sunyatabook@gmail.com
網店：http://book.sunyata.cc
淘宝店地址：https://sunyata.taobao.com
微店地址：https://weidian.com/s/1212826297
臉書：https://www.facebook.com/sunyatabook
讀者論壇：http://bbs.sunyata.cc

香港發行：香港聯合書刊物流有限公司
香港新界大埔汀麗路36號中華商務印刷大廈3樓
電話號碼：(852)2150-2100　　傳真號碼：(852)2407-3062
電郵：info@suplogistics.com.hk

台灣發行：秀威資訊科技股份有限公司
地址：台灣台北市內湖區瑞光路七十六卷六十五號一樓
電話號碼：+886-2-2796-3638　傳真號碼：+886-2-2796-1377
網絡書店：www.bodbooks.com.tw

台灣國家書店讀者服務中心:
地址：台灣台北市中山區二0九號1樓
電話號碼：+886-2-2518-0207
傳真號碼：+886-2-2518-0778
網址：www.govbooks.com.tw

中國大陸發行 零售：深圳心一堂文化傳播有限公司
地址：深圳市羅湖區立新路六號羅湖商業大廈負一層008室
電話號碼：(86)0755-82224934

版次：二零一八年四月初版

平裝

定價：港幣　　一佰四十八元正
　　　新台幣　五佰八十八元正

國際書號　978-988-8316-88-5

版權所有　翻印必究

心一堂微店二維碼

心一堂淘寶店二維碼

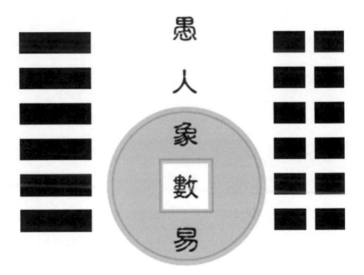

目錄

序一

雖說生老病死乃人生必經階段，但每當見到親人患病，藥物無顯著成效時，心裏總是忐忑不安，不知如何是好！因此，總希望嘗試另類方法，期望打開一道缺口，尋找治療的方向。得知杜SIR正埋首新書，借用「象數易」中的六爻排列，透視疾病的成因、發展及變化，確實令人喜出望外。對新書的期待之情，與日俱增。回憶收到初稿那天，心情的起伏實在非筆墨所能形容。書中把病患按卦象分成外五行和內五行，外按易經六十四卦細分人體各部分作研究及講解，內按人體五臟六腑作卦例分析及解說。

杜SIR作為一位非醫護界的易學賢達，他的熱誠、心思與智慧，可見一斑。拜讀著作後，令我對「象數易」的理解和運用，另有一番體會。我深信「象數易」的六爻傳意，能提供治療方向，彌補現代醫學之不足，或者，對預防及治療疾病方面，有著莫大的裨益。再者，「象數易」的未來發展，本來沒有明確方向，但是，經過杜SIR的努力、研究和多方面嘗試下，已突破前人的框框，擴闊易卦的領域。

很高興再次獲邀，為杜SIR新書寫序。作為他的學生、粉絲及讀者，不免懷着戰戰兢兢的心情執筆。在此，期望他的新書本本大賣，更希望他的著作，能承先啟後，帶領一眾易友和後學，認清六爻真相，讓「象數易」能普及地發展下去！

學生民信

序二

孔子五十而知天命！而杜老師應是五十而知卦理。最令人佩服的地方，他可以把卦象六爻，有系統地分析出來。杜老師寫書不但快速，而且言中有物。每本新書內容，都能帶給我們驚喜，也可以刺激我們思維！ 學易卦以來，個人認為病卦是一個艱深的課題，很難掌握當中關鍵，真是起卦容易解卦難啊！用象數六爻（或稱文王卦）占問疾病，最易迷失，很難斷症。為了拆解謎團，老師在新書《病在何方》中，花了很多時間去鋪排和編寫，將內外五行，六爻定位等斷病概念，簡單而直接地描述出來！

人除了知天命外，亦要了解自身的健康！ 社會越發達，人生活越緊張，引發的疾患越多，看看今天人們患癌的報告，便已知一二。現今科學倡明，癌症治療比以前有效，奇怪的是，不少人被確診患癌時，已到達三期或末期階段。如果讀者能細讀和融會新書內容，對占疾病不但有信心，而且可按書中步驟去推斷，及早了解病患源頭，建議患者從正確的方向治療，既可避免病情惡化，也可減少醫療費用。書中引用『辰戌丑未』四墓庫的聚積特性，去分析腫瘤和癌病的真假和凶危，確實令人大開眼界！

書中卦例全屬真實，部份是課堂上替嘉賓的占問個案。得卦後，由老師帶領，即場拆解卦象，有時卦中顯示的隱疾，連問事人自己也不知道，能及早治療，對當事人來說是好事。有幸參與杜老師「占疾病」的專題課程，若老師能公開教授，實為後學之福！

學生　翔

自序

屈指一數，已五十有四了！拿著鏡子，看着自己的容貌，已老態畢現！頭上烏絲，逐漸轉白，證明了我的人生，亦難逃歲月的追趕。近年手腳關節，開始不聽話，走動起來，變得生硬，而四肢與大腦，有時未能行動一致。對著鏡子，只可無奈的嘆一句：「歲月無情催人老！」

我是個籃球愛好者，雖然個子矮小，但是善於快速走動、穿插、傳球及投籃等動作。一直以來，與球友合作無間，不論進攻、傳球、攝入等，大家早有默契。大約半年前開始，每每在比賽中途，手腳出現不協調的情況。例如在進攻時，大腦傳來信息，要三秒內向前走五步，切入籃底接球，再轉身投射，那會料到？步速慢了，人到時，籃球已飛越預計位置，擦手出界，白白浪費了大好的取分機會。往後比賽，也頻頻出現這種情況，有時甚至失平衡，擦傷手腳，連番失誤，導致敗績連連。面對球友們，真不無歉意！明白機能退化，做任何事，往往力不從心，頃刻，令我深深地體會到，健康就是人類生存的最大敵人。

活在這個競爭劇烈的社會，人人只知埋首工作，賺取生活所需，卻失去了生活的規律。現代人既沒有定時進食的習慣，也缺乏適當的運動，體質自然不佳。閒來時，他們也只愛拿著手機，玩遊戲、發短訊、看劇集………等等，這類活動，最容易令身體某些關節勞損，造成長期疾患。再者，新一代的年青人，活在冷氣環境中，缺乏體能操練，又愛吃垃圾食物，因此，他們大都體弱多病；傷風感冒，已屬小事，這代人患上鼻竇炎、氣管炎、肝

炎、脊椎移位、血管閉塞等疾病，可真不少！

近年教學，遇上不少嘉賓前來問病，多屬屢醫無效個案，他們希望借助六爻卦象，追尋病因及其治療方向，解開他們心底的疑慮！隨著時間過去，累積了一定數量的卦例和驗証，而對六爻顯示的疾患，也有一定的了解。易友和學生們，提議我整理資料，記錄要點，將疾病有系統地分類和歸納，編寫成書，可為後學提供一條方便的研究途徑。

敵不過多方的遊說，承諾整理資料，結集成書。我這個人，坐言起行，說做便做，不愛拖拉，浪費時間。先把疾病按五行分類，再揀選合用卦例，到執筆行文時，已是初春，霧水正濃，居所近山，濕氣尤重，肩胛勞損位置，不時隱隱作痛，令人無法專心！

一想到這門「象數易」的發展和延續，個人信念又堅定下來，慢慢忘卻肩上痛楚。休息五分鐘，呷一口濃普洱，抖擻精神，再次投入，此刻，人如進了忘我境界，行文暢順，運筆如飛。

今天的我，用了不少金錢，費盡不少心思，去編寫這套「象數易」叢書，所希望的，不是賺取豐厚的回報，而是讓更多人認識這門學問，明白它的功用，既可助人也可助己。我的努力，希望不會掉進了大海，永遠淹沒在波濤之中，更希望得到同好的回響，一起鑽研，讓它得以延續下去，發揚光大！

丁酉年初春

前言

　　研究「疾病」占卜這個課題，最好懂點中醫理論，學習起來，較容易掌握和運用。中國傳統科目，大部分都套進了陰陽學說，尤以醫、卜、星、相四大科目，最為明顯。它們的學理觀點，皆以陰陽五行的理論串連起來。

　　「醫」是指診斷。《黃帝內經》內文提到，人體是由陰陽五行所主宰，想身體健康，除了做到體內平衡，也要做到身體跟環境平衡，才可達至陰陽調和之境地。

　　「卜」是占卜。中國自古以來，存在一套「天人合一」的哲學思想，所以，中國人認為，大至國家興衰，小至禾稻收成，皆可以透過易卦六爻的五行生尅，來捕捉事情的得失和變化。

　　「星」為四時。透過星體變動，推斷四季「熱、寒、乾、濕」之轉變，及對人體產生的影響。醫師更可藉四時的陰陽五行，計算天氣變化，預測環境乾濕，來斷症及下藥。

　　「相」是人體特徵。基本上，它是按金水木火土五行，來預測人的命運、健康、事業、財富、婚姻等。這個方法，可細分為手相、面相、骨相和痣相幾種。

　　理解「醫卜星相」的五行運用原則，便容易明白易卦斷疾的概念。基本上，易卦六爻，將人體分成內五行和外五行兩部分。外五行是用來定人體四肢及五官，即手腳身頭，而內五行則指人

體內的五臟六腑，即心肝脾肺腎膽胃各部。

有了初步概念，便可利用官爻或財爻的落位，去印証疾病的源頭和特性。究竟它是源自身外還是發自體內？只要逐步分析，自會找到頭緒。最後，必須認清爻辰的旺弱狀態，來判斷病情的輕與重。

其實，用易卦占病，相當複雜。若不將資料簡化，相信初學者沒法入門。為了讓讀者了解和認識更多，本人嘗試將古今資料整合，重新編寫，希望重建斷病路向，為有志於此的朋友，提供方便之門。

本人寫易卦，從不左閃右避，也不吞吞吐吐，喜歡直接了當地點出問題所在，因此，筆下六爻，吉凶盡現！由第一章開始，本人將有形之「外五行」與無形之「內五行」，根據金水木火土，分別敘述它們跟人體的外肢和內臟的關係，這樣，大家在學習時，便有據可依；在推斷時，便有源可尋。不會忘然迷路，亂了步伐。

本人對中醫醫理認識淺薄，若行文中有錯誤之處，懇請各位醫師與前輩，不吝指正，真是無言感激！

借來富貴一朝空
聲名顯赫隨霧窮
佳肴穿腸排體外
美人懷中白髮濃

晚來無力臥床前
疾患交纏不堪言
千金難換體魄健
開心才可壽延年

「官爻」斷病訣

世持官鬼傷病多，日月拱扶病磋陀，
縱然病輕無凶險，也難日內復安康。
官動最怕逢入墓，輕病也會入窮途，
若得日辰來沖破，危中有救反正途。
官伏爻下病不知，世逢官伏病如前；
財伏官下多進補，若是桃花色慾癆。
官動化進病必深，藥石無功人消沉；
官動化退病漸輕，何須四處覓醫人。
官化官時病不休，鬼見鬼時新舊愁；
下卦三爻為內患，上卦三爻外傷浮。
動來生用病更深，哪知禍來非獨行？
動來尅用用無根，藥來病去人精神。
世臨福德本康安，獨怕父爻動來傷，
凡醫不癒病纏擾，鬼見金爻定刀傷。

【一】「有形」與「無形」

　　《易經》是中國最古老文獻之一，被儒家尊為「五經」之首，它以陰陽作為理論基礎，建立一套符號系統，用作解釋世間事物的狀態及變化，表現了中國的哲學文化和宇宙觀。雖然《易經》博大精深，但是它本身內容，卻沒有觸及人體的五臟六腑。有關資料，始見於《易傳》之中，其內容提到八卦與五官四肢的關係。後人在這基礎上，不斷研究，按步推演，漸漸發展成為「內藏外象」這個理論觀點。

　　這個概念，可以說是東方生命科學之基礎源頭，亦是中醫理論的核心。古人將八卦五行和五官臟腑配對，讓習者對人體結構及臟腑功能，有著初步的認識，從而明白到，臟腑與健康，永遠是連成一線的。

　　現代人所說的「臟腑」，其實是指人體體內器官。器官的功用，不但用來維持身體的正常運作，同時用來提供營養至體內各部，還可用來安排體內毒物排出。因此，在中醫的角度，「髒」與「臟」有著緊密聯繫。內臟去穢，身體自會健康。

《周易》中，有一句：「易者，像也；象也者，像也。」

這句話無非想說出，「象」就是「像」。「像」有四個含義：

> 其一是指「卦象」，就是《易經》創造的六爻符號；
>
> 其二是指「物象」，就是萬事萬物的形象；
>
> 其三是指「意象」，是透過人的抽像思維，領悟另一景象；
>
> 其四是指「取象」，是以卦象比擬事物，作為榜樣。

從某種意義上，《易經》從卦象到物象，從物象到意象，實際上就是「象」的思維。

中醫採用的思維，也就是「象」的思維。他們所講藏象、脈象、證象、陰陽之象、五行之象等，其實也是一種「像」。「像」分『有形』之形象和『無形』之意象兩種。

「藏象」兩字，正是「內藏外象」的縮寫。「藏」即隱藏，指隱藏於體內的臟腑器官，屬於「無形」之象，包括五臟「肝、心、脾、肺、腎」和六腑「膽、胃、小腸、大腸、膀胱、三焦」。「象」是外象，可以觀察得到的，屬「有形」之象，如手、足、眼、耳、

鼻、口等。「藏」與「象」，一個在內，一個在外，內外相應。

　　為甚麼稱五臟為「無形」之象？由於中西的醫學觀點不同，中醫的五臟，並不等於西醫的心臟、肝臟、脾臟、肺臟和腎臟。中醫認為，臟腑器官不是實體，其所指的是「心功能系統」、「肝功能系統」、「脾功能系統」、「肺功能系統」和「腎功能系統」。五藏不但可以統領人體內相關功能的器官，更可以與他們互相聯繫起來。

　　《黃帝內經》提到，「肺與大腸相表裡」、「心開竅於舌，其華在面」等句子，直接指出肺與大腸；心與舌、面等，具有相同屬性，可歸納為同一系統。

　　易卦發展至西漢，京房來了一個大革新，除了將易卦配入五行外，更在卦爻設定世應位置，建立一套全新的易卦體系，稱為「象數易」。至此，人體四肢、臟腑器官便可與五行掛勾，配而成對，令後學在推斷時，有了依據和方向。

　　談到「有形」與「無形」，大家可能覺得有點抽象，未能領會其意。若我將題目寫成「有形之外五行」與「無形之內五行」，各位是不是容易理解？　有關「外五行」與「內五行」這部分，留待下一章節，深入分析！

【二】「外五行」與「內五行」

不論你富可敵國還是以拾荒過活，一生之中，必然經過「生、老、病、死」四大歷程。這個自然定律，每個人都逃避不了，既然是逃避不了，還是選擇勇敢面對才是。

四者當中，尤以疾病這環節，最是磨人。小病是福，當然不成問題；當大病降臨，無不令人心膽俱裂，意志消沉！對病重者來說，「死」並不可怕，可能是痛苦的解脫！最可怕的是，身患頑疾，久醫無效，心身皆受折磨，面對無法根治的疾病，任何人都會寢食難安、徬徨無助，時有撕心之痛！旁人哪能感受得到呢？

在疾病的折騰下，病者會感到無助與無奈，思緒不但變得灰暗，而且喪失求生意志，逐步走向絕望的境地！如果我們懂易卦，可以替病者預測病情發展，在病發前，建議他們採取適當的措施或治療，或許，有助他們減少在離別時的痛苦！

據聞，古時的「醫卜星相」，本屬一家，大家互有關連。習醫者亦需要學點術數，用作對照和參考。如醫師按脈，判斷來者腎虛，這刻，他可參看病人的臥蠶（眼袋）位置，有否出現暗黑情況？若有，便可印証自己的斷症正確；又如替人卜病，見寅木官爻，術者便要提醒問事人，注意肝經和精神系統兩方面，避免延誤治療。用象數易來占病，相信有一定的指導作用。

　　個人認為，要準確地去掌握一門學問，或一套理論，必須從基礎學起，尤其是涉及他人的生死禍福，更加不可掉以輕心，必需小心謹慎。

　　由現在開始，正式轉入「易卦斷症」的範疇。

　　人的疾病，不外是外傷與內患，認識了人體與五行的關係，便有助尋找病因及推斷病情。所謂「外用卦氣，內觀飛神」，兩者五行寄意，不盡相同，各自相應身體內外不同的部位和器官。初學者有了這個初步概念，對於內外五行的捕捉，卦爻走向的落點，用神反映的疾患，病情輕重的判斷，有著重要的引領作用。

　　「外五行」與「內五行」，兩者存在不同的界線上，它主要的作用，是將人體分成內外兩個層面。用「外五行」定人體的外在位置，用「內五行」寄意人體的內裡腑臟，即心肝脾肺腎膽胃是也。

〔1〕外五行

人體體外各部，以「外五行」定位。手可觸，眼可觀，屬有形之象。「外五行」要借用八宮卦氣。八宮即乾、坎、艮、震、坤、離、兌、巽。每宮管八個卦，八八而成六十四卦。每宮各有所屬的五行卦氣，不可弄錯。

乾卦屬金、坎卦屬水、艮卦屬土、震卦屬木、坤卦屬土、離卦屬火、兌卦屬金和巽卦屬木，合稱「八純卦」，又名「八宮」。因此，有「六十四卦進八宮，卦氣從屬喜相逢」的說法，若弄錯「得卦」卦氣，就沒法得知患病位置了。

八宮正確，五行就位，在推斷時，便有準則，不會混淆不清，身體患處，便會浮現出來。現在根據八卦五行，指出體外各個部位，大家便可一目了然。

〔八卦五行位置〕

乾屬金，為首：克應在頭部位置。

坎屬水，為耳：克應在耳的位置。

艮屬土，為手：克應在手的部位。

震屬木，為足：克應在足的部位。

坤屬土，為腹：克應在腹部位置。

離屬火，為目：克應在眼的位置。

兌屬金，為口：克應在口的部位。

巽屬木，為股：克應在大腿位置。

八卦五行與人體體外圖

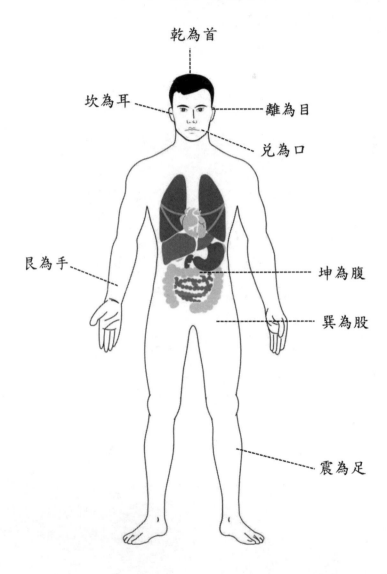

乾為首

坎為耳

離為目

兌為口

艮為手

坤為腹

巽為股

震為足

　　「外五行」的運用較「內五行」簡單，它只取卦頭八宮的卦氣來用，請看下面舉例，讀者便容易明白。

舉例：

得卦「水澤節」，是坎宮第二卦，五行屬水，病在「耳」位置。

得卦「山地剝」，是乾宮第六卦，五行屬金，病在「頭」位置。

得卦「山澤損」，是艮宮第四卦，五行屬土，病在「手」位置。

得卦「地風升」，是震宮第五卦，五行屬木，病在「足」位置。

得卦「山雷頤」，是巽宮第七卦，五行屬木，病在「股」位置。

得卦「澤地萃」，是兌宮第三卦，五行屬金，病在「口」位置。

　　坦白講，占疾病，利用外「外五行」來找病處，其實是不足夠的，需要配合「內五行」和爻位來決定。有關爻位應用，可參考宋朝古籍《卜筮元龜》一書，內裡提到的斷病訣法，很有實用價值。

〔2〕內五行

分析疾病，最好要由外至內去推敲，思路才會清晰，斷症才會準確。「外五行」的優點，是借用八宮卦氣，來追尋身體患病部位；而「內五行」則可按五行來劃分患病器官。

一般而言，官爻旺相，病情嚴重。占者可憑官爻的五行，來推斷病患源頭，出現病症，而且，更可從卦中，為當事人鎖定治療的方向。

從中醫角度，「內五行」呼應著人體內的臟腑 - 心、肝、脾、肺、腎。若以樹身作為人的身軀，樹根借用為人體體內的臟腑，大家的概念，相信會更加清晰。

【內五行病徵路線圖】

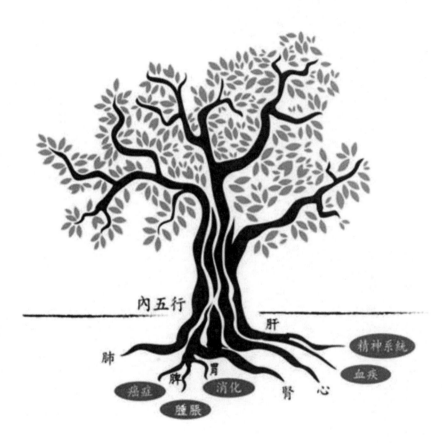

〔五行與相應臟腑〕

五行屬金
八卦 – 乾、兌
地支 – 申、酉
器官 –「肺」與「腸」

五行屬水
八卦 – 坎
地支 – 亥、子
器官 –「腎」

五行屬木
八卦 – 震、巽
地支 – 寅、卯
器官 –「肝」與「膽」

五行屬火
八卦 – 離
地支 – 巳、午
器官 –「心」

五行屬土
八卦 – 艮、坤
地支 – 辰戌丑未
器官 –「脾」與「胃」

【體內臟腑圖】

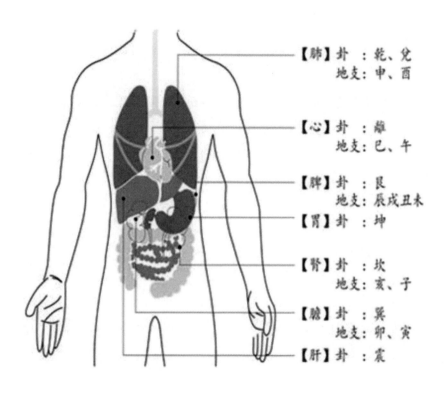

【肺】卦 ：乾、兌
　　地支：申、酉

【心】卦 ：離
　　地支：巳、午

【脾】卦 ：艮
　　地支：辰戌丑未

【胃】卦 ：坤

【腎】卦 ：坎
　　地支：亥、子

【膽】卦 ：巽
　　地支：卯、寅

【肝】卦 ：震

有關心、肝、脾、肺、腎的功用，可簡略解釋。

「心臟」－ 負責了全身的血液循環。

「肝臟」－ 負責將體內毒素分解、轉換及排除的功能。

「脾胃」－ 負責食物的消化、吸收。在性能上，各有工作。
胃主受纳，將糟粕之物下行；脾主運化，將食
物營養，供應身體。

「肺部」－ 負責人體的內外呼吸之總樞紐。

「腎臟」－ 負責排泄體內代謝廢物。

將五行屬性配對臟腑，是古人之智慧，可令習者從爻辰和卦
象之中，認知五行病患。易卦六爻之組成，並不複雜，以飛神為
主線，主線以十二地支為骨幹。

將地支分成五組五行，即金水木火土。

> 寅、卯屬木，為肝經；
>
> 巳、午屬火，為心經；
>
> 申、酉屬金，為肺經；
>
> 亥、子屬水，為腎經；
>
> 辰、戌、丑、未屬土，為脾胃。

定了五行，配了臟腑，六爻斷病，便有方向，因此，遇上不同地支的官爻，便可得知那個臟腑出了問題。這種方法，由古代沿用至今，有一定的準確度。

用文字解說五行與臟腑，倒不如將它列成簡表，既可方便讀者閱讀，也可方便大家可按表尋病，幫助斷卦。

〔五行與臟腑〕

五行	木	火	土	金	水
地支	寅、卯	巳、午	辰、戌 丑、未	申、酉	亥、子
臟腑	肝、膽	心、小腸	脾、胃	肺、大腸	腎、膀胱
出竅	↓ 眼	↓ 舌	↓ 口	↓ 鼻	↓ 耳
癥狀	眼垢	舌損，舌 脈迂曲	口氣	鼻塞、鼻 水	耳鳴
味道	酸	苦	甘	辛	鹹
情志	怒	喜	思	悲	恐

　　利用卦象訊息，貫通內外五行，找出病發源頭，及其發展狀況，若能及早診治，病者定可早日康復，此乃用卦助人之道。

附〔十二時辰之經氣流注〕

子膽丑肝寅屬肺
卯腸辰胃巳脾消
午心未小申膀注
酉腎戌包亥入焦

子時（膽　　經）：是膽汁運作和骨髓造血的時間。

丑時（肝　　經）：是肝臟修復的時間。

寅時（肺　　經）：是呼吸運作時間。

卯時（大腸經）：有利於排泄。

辰時（胃　　經）：胃在此時最容易接納食物。

巳時（脾　　經）：脾經主消化，吸收營養。

午時（心　　經）：是養心的時間，最宜小憩養陽氣。

未時（小腸經）：小腸可分清濁，將水液歸入膀胱，糟粕送入大
腸，精華上輸至脾。

申時（膀胱經）：是主要的喝水時間。膀胱儲藏水液和津液，並
將多餘水液排出體外，津液在體內循環。

酉時（腎　　經）：腎為先天之本，腎在酉時進入儲藏精華的階段。

戌時（心包經）：此時是心包經與腦神經活躍的時間，是工作學
習的最佳時間。

亥時（三焦經）：三焦經掌管人體諸氣，是人體氣血運行的要道，
也是六腑中最大的臟腑。

〈九宮痛源〉

下面的「九宮痛源圖」，是用來補充爻位與五行之不足，讀者可按當事人的痛點，收窄推斷他的患處。

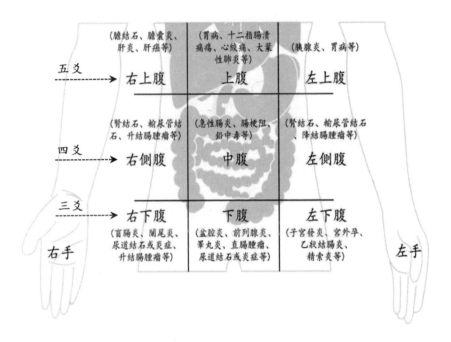

五行臟腑的列表雖成，大家或許覺得有點呆板，讀來無味，還是舉些簡例，讓讀者參考。

【舉例】官爻持申金

占問： Ａ 占健康
得卦： 震為雷（震1）

六親	卦象	飛神
財	II	戌
	世	
官	II	申 ←------- 用神
子	I	午
財	II	辰
	應	
兄	II	寅
父	I	子

➤ 用神官爻持申金，為肺、大腸等疾病。

【舉例】官爻持亥水

占問： B 占 健康
得卦： 天火同人（離8）

六親	卦象	飛神
子	I	戌
	應	
財	I	申
兄	I	午
官	I	亥
	世	
子	II	丑
父	I	卯

用神

➢ 用神官爻持亥水，為腎、膀胱等疾病。

【舉例】官爻持卯木

占問： C 占 健康
得卦： 火澤睽（艮5）

六親	卦象	飛神	伏神
父	I	巳	
兄	II	未	子財
子	I	酉	
	世		
兄	II	丑	◀------ 用神
官	I	卯	
父	I	巳	
	應		

➤ 用神官爻持卯木，為肝、膽等疾病。

【舉例】官爻持午火

占問： D 占 健康
得卦： 天山遯（乾3）

六親	卦象	飛神	伏神
父	I	戌	
兄	I	申	
	應		
官	I	午	
兄	I	申	
官	II	午	寅財
	世		
父	II	辰	子子

用神

➢ 用神官爻持午火，為心、小腸等疾病。

【舉例】官爻持丑土

占問： E 占 健康
得卦： 地火明夷（坎7）

六親	卦象	飛神	伏神
父	II	酉	
兄	II	亥	
官	II	丑	
	世		
兄	I	亥	午財
官	II	丑	
子	I	卯	
	應		

用神

➤ 用神官爻持丑土，為脾胃疾病。

〔病例一〕

占問： 李先生 占 疾病

得卦： 雷風恆（震4）

卦爻	六親	卦象	飛神	伏神
上爻	財	II 應	戌	
五爻	官	II	申	
四爻	子	I	午	
三爻	官	I 世	酉	
二爻	父	I	亥	寅兄身
初爻	財	II	丑	

研究病卦，可將八卦與六爻分開研究，結合來推斷。

八卦五行主體外：震宮卦氣屬木，外主腳，主足部有問題。

六爻五行為體內：官爻在三爻，位置由股至腰位置。世官爻持酉金，為大腸、為肺，所以李先生的大腸或肺出現問題。

表面上，官爻酉金與震宮卦氣互不相投，怎去判斷？

一般而言，以官爻為主，卦氣為輔。

所以，大腸是主病。由於卦身在「寅」木上，與震宮同氣，腳部亦易有隱疾，讀者也要留意。

總結：李先生有小腸疾病，不過，他亦需要留意足部隱疾。

〔病例二〕

占問： 文小姐 占 健康

得卦： 風山漸（艮8）

卦爻	六親	卦象	飛神	伏神
上爻	官	I	卯	
		應		
五爻	父	I	巳	子財
四爻	兄	II	未	
三爻	子	I	申	
		世		
二爻	父	II	午	
初爻	兄	II	辰	

　　再以『文小姐占健康』為例，又看看八卦與六爻兩者的反射情況。

八卦五行主體外：艮宮卦氣屬土，外主手，主手患。

六爻五行為體內：官爻是「卯」，屬木，內主肝。官爻在上爻，
　　　　　　　　是頭部位置，肝經又主精神系統，文小姐多思
　　　　　　　　多慮，引起失眠、焦慮或其它症狀。

　　這支卦，官爻卯木與艮宮卦氣，兩者五行屬性不同，可以說，
此卦受艮卦影響甚微。

總結：文小姐要注意的，不是手，亦不是脾的問題，而是精神方
　　　面，只要她懂得放下，時常保持心境開朗，睡眠充足，自
　　　然百病不侵。

《結論》

從以上兩個例子中，可得出一個非常重要的結論。
凡占病，以六爻為重，八宮次之。　因此，我們推
斷健康或疾病，必需將焦點放在六爻上，按其位置、
五行性質，及其旺弱作為推斷的關鍵。

易卦斷病，當然有其一定的準確度，但是它也不是
萬能，只能提供方向，未必可以扭轉乾坤。有時，
病情已到了晚期，如癌症，術者亦無能為力，最多
給予當事人或其家人一些意見，怎樣將病情緩和或
將痛楚減輕而已！

【三】如何定病位？

古代占病，一般以內外五行來推斷疾患，卻不太著重病者之患病位置。隨着時代步伐，易卦發展向前，當中不乏有心人，嘗試利用不同途徑，擴闊六爻的應用。

其中一項，便是以六爻的高低來定病位。其用法十分簡單，只是借用六爻上下的排列意象，來決定病患源頭，或病起何方，讓習易者一看便明。這個方法，從宋代古籍《卜筮元龜》中，找到較具體的論述。

六爻分位，不須借用五行，也不須借用六獸，簡簡單單的將人體由初爻至上爻，按比例切割成六份便是。不過，我們應有一個概念，它不是專指某位或某點，其實是指某爻的上下位置，大家要靈活變通，才能掌握運用。

基本上，六爻分位與外五行定位，兩者是沒有衝突的。

〈六爻分位圖解〉

上爻：頭部上下位置。

五爻：胸部上下位置。

四爻：腹部上下位置。

三爻：大腿上下位置。

二爻：小腿上下位置。

初爻：腳掌上下位置。

〔六爻分位圖〕

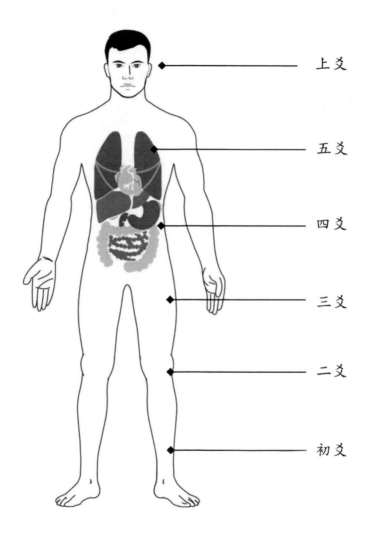

上爻

五爻

四爻

三爻

二爻

初爻

《卜筮元龜》－ 斷病訣法

　　《卜筮元龜》是宋代古籍，內容跟《卜筮正宗》大同小異，不過，它記載了一首『斷病歌訣』，非常實用，雖然是寥寥數句，卻可道出病歸何處，對古人智慧，真是拜服得五體投地！在推斷時，按此歌訣，再與「內外五行」配合運用，準確度會大大提高。

　　訣法所述的位置，一般而言，都是以用神「官爻」的落點為據。「先定位置，後判病性」，一重一重的將範圍收窄，疾病癥結，便無所遁形。例如官爻在上爻，病在頭上；若想推斷是那種疾病，需用上官爻的五行屬性。

官爻屬金主多思。
官爻屬水主多想。
官爻屬木主憂慮。
官爻屬火主亢奮。
官爻屬土主腫脹。

　　所謂百變不離其中，大家多思考、多印証，自然心領神會！

《卜筮元龜 》病訣

　　按訣法，由腳開始至頭部，將人體劃分成六位，請看下圖，再作仔細分析。

六爻頭上患為殃

五爻腎臟多氣脹

四爻必腹及肚腸

三爻腰背常輕軟

二爻雙腿患非常

鬼在初爻兩足傷

《卜筮元龜》之六爻部位註解：

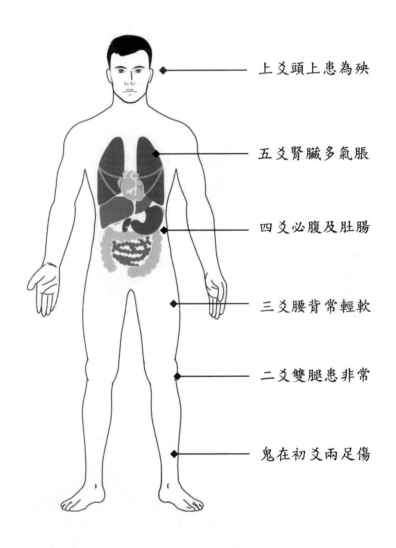

上爻頭上患為殃

五爻腎臟多氣脹

四爻必腹及肚腸

三爻腰背常輕軟

二爻雙腿患非常

鬼在初爻兩足傷

【鬼在初爻兩足傷】

參看八卦之「外五行」，便知道初爻正納入震卦，克應在足。
當官鬼爻落入初爻上，表示由足掌至小腿部位，容易有傷患或外
傷。此部位是支撐着全身的用力點，因此，極容易出現勞損、扭
傷、撞傷、刮損的情況。

【二爻雙腿患非常】

二爻納入震、巽兩卦中，震為足，巽為股（大腿），其部位
便覆蓋着整隻足；震卦、巽卦皆屬木氣，內五行主肝臟，肝主筋，
雙足有可能出現血不養筋（俗稱抽筋）和動靜脈曲張等相關疾病。

【三爻腰背常輕軟】

三爻由巽卦至坤卦，即由大腿至腰腹部位，此處是上半身的
發力位置，若受傷或有疾患，會失去力度，嚴重者，可能引致癱瘓。

【四爻必腹及肚腸】

四爻在坤卦內，正是腹的位置，腹內包含脾、胃、肝、膽、
胰、大腸、小腸等。官爻在此，牽涉的五臟六腑很多，須要審視
飛神的五行，來定疾病的方向。

【五爻腎臟多氣脹】

　　五爻部位，落入內五行的乾兌兩卦內，所以官爻出現在五爻，若飛神為「子、亥」，多屬腎病；若飛神為「申、酉」，必屬呼吸性疾病。

【六爻頭上患為殃】

　　六爻在乾位，見官爻，外主頭部有損，內主腦出問題。假設飛神是四庫，小心是腦腫瘤。若是寅木或卯木，可能是精神上出了問題。

　　根據《卜筮元龜》的人體排列，六爻定位，官爻落入的部位，不是病因的源頭，便是病發之處。再配合飛神五行，便可推斷出不同的疾病來。

　　舉例來說，占疾病，勾陳官爻辰土落在二爻，二爻主雙腿；辰土主聚積；勾陳主腫脹。結合三者，便可推斷其人雙腿出現水腫、腫瘤或硬塊等症狀。

　　再舉一例，占疾病，騰蛇官爻巳火落在五爻，五爻是腎臟位置，亦是左右心的居所；巳火主心；騰蛇主緩慢。結合三者，可能是心血流動的問題，若巳火化丑土，有機會是「心血管栓塞」疾病。

　　從以上舉例，我們便知到「爻位」和「內五行」的分別。「爻位」的特點，是用來尋找疾病的位置，而「內五行」的功用，是用來推斷疾病源頭及其輕重。

【四】何爻是「用神」?

六爻占卜,靈活而有趣,卦象有答有問,令人神往。每項預測,必有指定之用事爻辰,俗稱「用神」。

占疾病,以「官鬼爻」為用神,簡稱「官爻」。官爻主疾病和隱患。 當「用神」臨世、應、卦身三位,病痛難免。

官爻主「病」,其病的病因、性質、徵狀、大小,又應該怎樣去判斷呢?

其實易卦斷病,總離不開飛神五行和六獸形態的運用,只要摸通兩者關係,便可撥開雲霧,得見萬里晴天。

多提一句,官爻雖然重要,財爻也不可忽視。官爻是用神,財爻為原神,彼此關係密切,不可切割分離,簡而言之,財爻是病因,而官爻是病患,希望大家概念清楚。

原神　　　　　　　　　　用神
（財爻）　　　　生　　　（官爻）

〔用神之五行〕

不知各位有沒有聽過下面這首占病的用神歌訣？

用神五行不相同，
患起怎會一位中？
金水木火加上土，
五臟六腑病不同。

用神「官爻」持不同的五行，所患之疾，當然有別。金水木火土，各有屬性，各有主宰疾患，只要按步推敲，自可拆解卦象傳遞的訊息。　明白病起何因，得知病起何方，這樣，便可給當事人一個忠告或一個指引，讓他早作預防，或尋找適當的治療方法。

人性本善，若能以易卦為人解困，使病輕者藥到病除，令病重者舒緩痛楚，是何等的歡欣與快慰！有謂：「心有慈悲福自增」，就算卜者的福不能增，其心也會自甘！或許，能以術數助人，正是我們學卦的目的。

五行配六獸，除了顯示疾病的特性外，亦可以是意外的克應。如見「白虎持屬金官爻」，可能因意外造成身體損傷；如見「白虎持屬金子爻」，若身患重症，可能要開刀做手術等。明乎此！便應明白到，用卦要懂得融會貫通，才能拆解六爻意象，推斷入微。

〔用神與病徵〕

　　用神是推斷病患的一個指標，現將官爻的五行與病徵列出，有助大家學習。

用神：官爻屬水〈 亥、子 〉
病徵：水為腎經，主惡寒、盜汗、遺精、白濁、泌尿、水腫。

用神：官爻屬木〈 寅、卯 〉：
病徵：木為肝經，主風疾、抽搐、羊癇、血疾、神經緊張、眼疾、四肢失調。

用神：官爻屬火〈 巳、午 〉：
病徵：火為心經，主發熱、喉乾、口燥、眼疾、發炎、血症。

用神：官爻屬金〈 申、西 〉：
病徵：金為肺經，主咳嗽、虛怯、氣喘、痰症、呼吸、皮膚、便秘。

用神：官爻屬土〈辰戌丑未〉：
病徵：土為脾胃，主虛黃、浮腫、瘟疫、腫瘤、癌症、疳積、消化不良。

　　官爻按水、木、火、土、金五行，衍生出不同的疾患，讓我們在判卦時，有路可依，幫助推斷疾病的成因和徵狀。

〔用神分陰陽〕

　　卦論陰陽，所以，疾病亦有明暗、內外之分。翻閱前人資料，偶爾提及陰陽疾患，不過記錄散亂，真假難分。爻辰之陰陽，可以用作判斷病患，是發自體內，還是屬於體外。現在，本人將資料整理，分成內外兩部，期望可擴闊讀者的視野。

官爻屬金：
陰爻為肺部之病。
陽爻為骨節、疼痛之類，如椎盤、脊骨、脊柱側彎。

官爻屬水：
陰爻按男女再分。男為遺精、盜汗、腎竭；女為血枯、閉經。
陽爻主嘔吐、血崩。

官爻屬木：
陰爻為肝膽之疾。
陽爻為四肢酸痛、手足無力。

官爻屬火：
陰爻為心、血、發炎、痔瘡之疾。
陽爻為眼疾、痤瘡、。

官爻屬土：

陰爻為脾胃失調、淋巴結、瘜肉、消化道腫瘤。

陽爻為胃氣、瘟疫。

所謂陰陽，其實是指身體的病徵，屬於是明顯還是不明顯。

陰爻的病，屬不明顯，其病由內部器官引發，不論疾病嚴重與否，較難從表面上察覺得到；陽爻則不同，病徵顯而易見，例如骨節、嘔吐等，醫生容易掌握病情，對症下藥，令患者藥到病除。

這種陰陽劃分之法，時驗時不驗，個人認為，還是按整支卦的佈局來研究，較為妥貼。

〔用神與四墓庫〕

「辰戌丑未」四墓庫，五行中屬土，其本質具收藏、包含、結聚的意象，因此，四墓庫除主脾胃，虛黃、浮腫外，也可引伸為腫瘤、瘜肉、結石，甚至各種癌症疾患。在一般情況下，官爻臨四墓庫，主脾胃失衡，腸胃不適等普通症狀。

四墓庫與腸胃症狀：

官爻辰土，易有脾胃不調、腫脹。
官爻戌土，常見腹痛、胃傷。
官爻丑土，有氣促、脾痿。
官爻未土，有翻胃、噎膈、癆嗽等。

占疾厄，官爻臨四墓庫，最怕見「辰戌丑未」乘旺，一定不是個好現象。蓋墓庫充盈，以占財運者為佳。今占疾病，墓庫本質，便折射為腫脹或增大的意象。官爻當旺時，墓庫的結聚力量特強，容易落入腫瘤科的範疇內。

若將四墓庫『辰戌丑未』細分，其腫瘤性質及凶險程度，個個不同。

《 四 庫 凶 危 》

「辰土」是水庫：

水多土鬆，一般是腫脹，或是水腫瘤，危險度輕微。

「丑土」是金庫：

礦物聚積特多，值令當旺，是乳癌的徵兆，危險度增高。

「未土」是木庫：

它位處南方，木火相生，土氣更旺，聚積嚴重，腫瘤或癌症徵兆，其危險程度，較丑更大。

「戌土」是火庫：

最大最惡，得令值日，火旺土增，癌細胞開始擴散，危險度極大。

不要一見官爻臨四庫，便嚇過半死，像天要塌下來，地要陷下去那般想。應要按步驟分析，切忌胡亂猜度，否則，只會誤己害人。倘若卜者能好好掌握『辰戌丑未』在病卦中的位置及變化，便可定疾病的真假，斷患病的輕重，所有謎團，自會解開。

〔用神與四桃花〕

　　占疾病，除了要特別注意「辰戌丑未」一組地支外，還有一組「子午卯酉」，也不可掉以輕心。

　　「子午卯酉」，俗稱「四桃花」，這組支群，情慾性質特別強，所以，當它們落入官爻上，疾病便有這方面的傾向。在判卦時，需要考慮的問題也較複雜。

　　問事人的疾病，究竟有無可能與異性接觸有關？究竟有無可能跟泌尿系統有關？甚至有無可能和交際應酬有關？逐一分析，作多方面推想，自然找到患病的源頭。

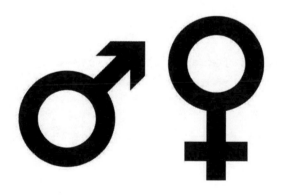

　　有時，卦中爻辰，會顯示治療的方向，因此，大家不要只懂追逐官爻的去向，而忽略子爻治病的功能，白白錯過醫治的最佳時機。

《 桃 花 疾 患 》

「子」屬水：

水為腎經，是泌尿科。當事人可能因濫交而染病；也可能因公共衛生差而間接感染；亦可能因縱慾而令機能受損或退化等。

「午」屬火：

火為心經，是心臟科。火有向上、暴烈、煩躁、發炎的性質。當事人可能因感情問題而引致失眠，並引發種種疾患。

「卯」屬木：

木為肝經，肝亦主血，可能因縱慾而招病。

「酉」屬金：

金為肺經，是虛怯氣喘，可能因應酬頻密而引致胸肺之疾。

　　這組「四桃花」地支，既有交際應酬本性，也有情慾交侵特徵，因此，用他們來判疾病，要小心分析病從何來？否則，判斷差之毫厘，結果繆於千里。

〔用神配六獸〕

六獸的辨象功能，能令事情或事件變得圖象化和立體化，所以，占疾病，六獸也佔著一個很重要的部份。

〈官爻配青龍〉

青龍本主表面、巨大、美觀、酒色，亦可引伸為過度。 因此，官爻臨青龍，當旺時，可斷為病況嚴重；衰弱時，反主病情不深。

青龍配木爻：主酒色過度。
青龍配火爻：注意心臟疾病
青龍配土爻：身體上有明顯的腫脹、浮腫、腫瘤等病徵。
青龍配金爻：有嚴重咳嗽、氣喘，或大腸問題。
青龍配水爻：主腎虛、尿頻、失禁。

進一步而言，見四桃花，容易沾染酒色，招致身體虛弱。

〈官爻配朱雀〉

　　朱雀為口舌，問病時，當令反不為佳，主精神失常，而失令時，只主身熱面赤。

朱雀配木爻：木為肝經主思路，主思想紊亂，胡言亂語。
朱雀配火爻：火旺燒心，主煩燥、焦慮、口乾、身熱等。
朱雀配土爻：火土相生，主脾胃不調，口生水瘡。
朱雀配金爻：朱雀為口，金為肺，主咳嗽。
朱雀配水爻：主尿頻、耳鳴。

〈官爻配勾陳〉

　　勾陳主浮腫、腫脹、腫瘤。當勾陳與四墓庫中的「辰戌丑未」結合，便有不良效應，輕則是結石、水腫、水瘤、脹氣等，重則是腫瘤、癌症。

一般通則，可粗略劃分。
勾陳配木爻：四肢易有淋巴結核。
勾陳配土爻：土氣旺極，容易有腫瘤、癌症等病。
勾陳配金爻：氣管易腫大，或有機會患上鼻咽癌。
勾陳配水爻：腎內或有關部位，易出現水瘤、結石、瘜肉等疾患。
勾陳配火爻：勾陳屬土，主閉塞，火為心經，兩者相遇，易患心血管閉塞。

〈官爻配螣蛇〉

　　螣蛇本身帶有五行中的火性和土性，所以，它具纏繞和怪異兩種特徵。若官爻見螣蛇，有帶病延年的意象。

螣蛇配火爻：可能是心絞痛。

螣蛇配土爻：可能是腸胃絞動。

螣蛇配金爻：可能是久咳或大腸蠕動。

螣蛇配水爻：可能是排泄不暢順。

螣蛇配木爻：木為肝經，為血液流經的網絡，也主思考，當見此
　　　　　　組合，小心慢性皮膚濕疹、情緒失衡等疾患。

〈官爻配白虎〉

　　白虎主刀傷、骨折、血崩、急快等。　一般而言，白虎持官爻主急症，卦見六沖尤確。

白虎配木爻：手足易有損傷或骨折。

白虎配火爻：易患心、眼惡疾。

白虎配土爻：易有腫瘤、腫脹、癌症。

白虎配金爻：小心刀傷、急性氣管炎、手術。

白虎配水爻：主突然嘔吐、失禁、女性血崩等。

〈官爻配玄武〉

　　玄武主暗晦、色情、娛樂。

玄武配木爻：縱慾無度，身體虛弱。
玄武配火爻：易患心漏病、器官發炎等。
玄武配土爻：易有隱性腫瘤、脾胃失調。
玄武配金爻：主肺弱、咳嗽。
玄武配水爻：腎易有隱疾、尿頻；見「四桃花」，小心感染性病。

　　分析每一爻，需要將六親、六獸和飛神地支三者融合，才可將病徵仔細推斷出來，所以，斷卦不可以單憑飛神論吉凶，必須細閱每個環節，若不，容易推斷出錯。

【五】病卦六親

每個課題，解釋六親，不盡相同。想判卦精準，除了清楚六親本身的解釋外，也要懂得按不同的課題去轉換六親的意思，斷卦才見精準。

其實，易卦卜占，當中還有一點，從來被人忽視，算是你肯花時間翻看所有古籍，還是找不到片言隻字，更遑論近代著作呢！我所說的，這就是六親的『暗藏訊息』。

何解沒有記載？可能是古人守秘原故，也可能先賢沒有深入探究。無論怎樣，到了這個科技年代，不應再抱殘守缺，妨礙易卦的發展，因此，本人不介意將近年用卦心得，全部公開，願有緣人得之，延續我的路向。

這本書的主題，主要是探討患病的源頭和疾病的特徵，想學得好，非痛下苦功不可。說實話，用易卦六爻卜病，是一個相對較難的課題，因此，我在這裡，先交待占疾病時的六親意藏，讓大家認知更多，在判卦時，懂得怎樣去引用卦象的內藏訊息，進入更深層面去分析和理解。

〔問病課題，六親意藏〕

　　現按官父兄子財次序，逐一解說：

《官爻》

代表：疾病。卜病的用神。

意藏：驚恐、怪異、意外。

六獸延伸：

青龍官爻 － 表面是病情嚴重；暗藏巨大震驚。

朱雀官爻 － 表面是病從口入；暗藏惶恐心態。

勾陳官爻 － 表面是病情持續；暗藏勾心驚嚇。

騰蛇官爻 － 表面是患病延年；暗藏怪異驚恐。

白虎官爻 － 表面是刀傷大病；暗藏意外傷亡。

玄武官爻 － 表面是病情不顯；暗藏酒色疾患。

《父爻》

代表：醫生、報告。

意藏：困擾、死亡意象。

六獸延伸：

青龍父爻 – 表面是遇上名醫；暗藏沉重壓力。

朱雀父爻 – 表面是討論報告；暗藏憂心煩擾。

勾陳父爻 – 表面是專科診斷；暗藏忐忑無奈。

螣蛇父爻 – 表面是報告困擾；暗藏驚惶失措。

白虎父爻 – 表面是病情險惡；暗藏死亡信息。

玄武父爻 – 表面是病因難尋；暗藏憂鬱情緒。

《兄爻》

代表：兄弟、朋友、支出、阻隔。

意藏：損耗、離別意象。

六獸延伸：

青龍兄爻 – 表面是診治受阻；暗藏錢財損耗。

朱雀兄爻 – 表面是意見多多；暗藏推卸責任。

勾陳兄爻 – 表面是專科支出；暗藏無力應付。

螣蛇兄爻 – 表面是持續診治；暗藏財務困擾。

白虎兄爻 – 表面是支出龐大；暗藏傾家盪產。

玄武兄爻 – 表面是診治不確；暗藏密密支出。

《子爻》

代表：治療、藥物。

意藏：福澤意象。

六獸延伸：

青龍子爻 － 表面是治療正確；暗藏身體健康。

朱雀子爻 － 表面是診治意見；暗藏高質治療。

勾陳子爻 － 表面是專科治療；暗藏藥到病除。

螣蛇子爻 － 表面是治療慢長；暗藏延續壽命。

白虎子爻 － 表面是強力治療；暗藏體虛命危。

玄武子爻 － 表面是治療不顯；暗藏身體虛弱。

《財爻》

代表：病因、病源。

意藏：隱疾、危機。

六獸延伸：

青龍財爻 － 表面是致病成因；暗藏巨大隱疾。

朱雀財爻 － 表面是病從口入；暗藏患病危機。

勾陳財爻 － 表面是專科疾患；暗藏高危隱疾。

螣蛇財爻 － 表面是致敏病源；暗藏延年頑疾。

白虎財爻 － 表面是凶猛病毒；暗藏殘疾凶險。

玄武財爻 － 表面是病因不明；暗藏不明頑疾。

【六】內五行之相生、相乘、相侮

中國傳統醫學，採用陰陽五行學説，作為疾病的理論基礎。它既可以用來推斷病因，也可以用來預測病情，實為中土醫理的一大特色。 五行中的「五」，是指金、水、木、火、土等五種事物。

問病時，卜者依據爻辰的五行性質，來判斷疾病的成因及其傾向，替問事人解開患病之謎；而五行中的「行」，則是活動、運行、取向的意思。

無可否認，歷代前賢，為了印証五行跟醫理的關係，確實下了不少功夫。他們根據徵驗，將五行的屬性，聯繫著人體的內外各個器官及位置，為後學提供了不少實用的資料。

象數易的論病依據，皆從前人的基礎理論中推演出來，從「外五行」與「內五行」的人體勾畫，便可找到這方面的証據。此章重點，放在「內五行」方面。藉著五行相生、相乘、相侮的理論，來説明病理上的變化，及總結種種疾病徵狀。

古籍《黃帝內經》，也有提及五行與臟腑的關係，這些資料，既可用來補充前章「內五行」之不足，也可用來擴闊讀者的思維。此書特點，是將五行屬性，配與臟腑器官，特顯疾病徵狀。

現據《黃帝內經》內容,按五行列成簡表,給大家參考。

五　行	表　徵	內　主	開　竅
木	主疏泄、藏血神志	肝、筋	目
火	心、血脈	小腸	舌
土	主藏、主肌肉	脾、胃	口
金	主宣散、肅降	肺、腸道、大腸	鼻
水	藏精、髮、骨髓	腎、膀胱	耳

引述《黃帝內經》

　　以五行屬性，將臟腑畫分，他們彼此之間，存在互相生旺，或彼此尅害的關係。斷疾病，若明白「相生不一定吉；相尅非一定凶」的道理，便不會下錯刀、斷錯症。想身體健康，全賴五行平衡，臟腑運作正常。

〔內五行相生〕

　　將五行配上臟腑，轉個角度，臟腑相生，便等如五行相生；而臟腑相尅，便等如五行相尅。相生與相尅，是維持臟腑平衡不可缺少的條件。相生，有互相滋生、促進、助長的意思。請參考下圖。

臟腑相生圖

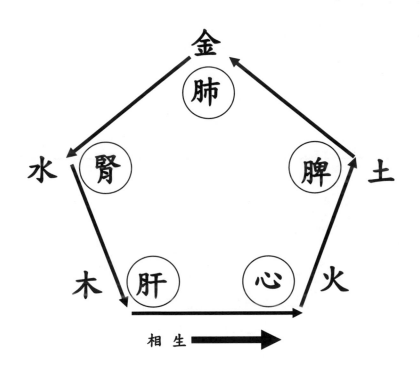

金生水 = （　肺　）　生　（　腎　）

水生木 = （　腎　）　生　（　肝　）

木生火 = （　肝　）　生　（　心　）

火生土 = （　心　）　生　（　脾　）

土生金 = （　脾　）　生　（　肺　）

【實例】– 內五行之相生

農曆：壬辰年癸卯月癸丑日
占問：L 小姐 占 健康
得卦：天水訟（離7）化 坎為水（坎1）
空亡：寅、卯　　　卦身：卯

卦爻	六獸	六親	卦象	飛神	伏神	變卦/後六親
上爻	白	子	O	戌		子兄
五爻	蛇	財	I	申		
四爻	勾	兄	O	午		申父
			世			
三爻	朱	兄	II	午	亥官	
二爻	龍	子	I	辰		
初爻	玄	父	II	寅空		
			應			

生旺（上爻戌→五爻申）

動化（四爻午 → 申父）

生旺（癸卯月癸丑日 → 申父）

癸卯月癸丑日

〔分析〕

世間事物，若得平衡，最為妥貼。易卦也不例外，五行運動，不越雷池，身體才會健康。看看此卦，世爻午火化申金，申金本身不弱；上爻戌土發動，又增強申金力量；日辰丑土也不甘示弱，再來生金。這刻，卦中金氣充盈，會帶來甚麼疾患，正是我們要考慮的問題。

申金是肺、是腸。疾患可能跟這方面有關。或許有人會反問，申金不是官爻，為何病起在肺或腸呢？卦爻定六位，飛神得五行，六親是五個，若只懂用官爻來看病，相信錯失必多！且看本人下面分析。

官爻用神，伏在午火（小腸）之下，卦象指示，疾患在小腸下面或後面。官爻亥水，疾患與腎或生殖器官有關。三爻在腰背位置，所以申金克應在腸道的機會很大。綜合而言，病應與小腸附近或生殖器官有關，可能是腸道出了問題。

實況：L 小姐患上小腸氣。

註：小腸氣的成因，主要是腹腔內的臟器，如網膜、卵巢、盲腸，尤其是小腸等，在腹部壓力增加的時候，便會經由這個不正常開放的腹膜下墜，通過腹股溝抵達「陰囊」，造成小腸氣，俗稱疝氣。當小腸氣突然變大或無法縮回腹內時，會導致突然的激烈疼痛。

〔內五行相乘〕

五行相乘，其實即是五行相剋。「相乘」所造成的剋害，比一般相剋嚴重，由於某爻辰「受剋過度」，令被剋的五行，失去功能，沒法動彈，也無法制約另一五行，最終更被反剋侵襲。

每個五行，有相應的臟腑，因此，五行相乘，就是臟腑相剋。受剋者，因其受剋而令某臟腑變得虛弱生病；受制約者，因其無制而令某臟腑變得過旺過強。「相乘」帶來的結局，必然是五行失衡，臟腑失控。

五行相乘的次序：木剋土，土剋水，水剋火，火剋金，金剋木。

五臟相乘的次序：肝剋脾，脾剋腎，腎剋心，心剋肺，肺剋肝。

臟腑相尅圖

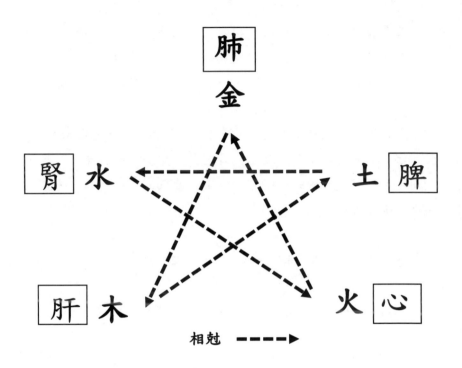

金尅木 =	(肺)	尅	(肝)
木尅土 =	(肝)	尅	(脾)
土尅水 =	(脾)	尅	(腎)
水尅火 =	(腎)	尅	(心)
火尅金 =	(心)	尅	(肺)

木尅土的相乘狀態：

　　肝木能制脾土，若肝氣條達，便可疏泄脾氣中的壅滯。不過，若木氣太過，脾土受尅過度，令其受損，便出現土鬆泥散，不能制約腎水的情況，這刻，易被腎水反尅。

　　「脾」受重尅；「腎」無制約，兩者皆失自主，病痛亦由此而起。

治療方向：應採取抑木扶土的方法。

土尅水的相乘狀態：

　　脾土可制約腎水，令其運行適當，防止腎水氾濫，影響日常生活。若尅制過度，腎水失勢，易產生泌尿疾患。

　　另一方面，腎水無力調節心火，導致水火失衡，火旺攻心，性情轉烈，人會變得爆跳如雷。

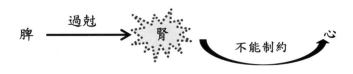

治療方向：應採取制土援水的方法。

水尅火的相乘狀態：

　　腎水能制約心火，腎陰水足，可防止心火亢烈，令人心境平和。

　　若心火被尅過度，失去制約肺金的能力，肺功能失控，逆可反尅，順可傷木，不但令呼吸系統出現病變，也可傷害肝臟。

治療方向：採用抑水援火的方法。

火尅金的相乘狀態：

心火能制約肺金，當心火陽熱，可抑制肺氣清肅，防下降過度，傷及肝膽。

但是，肺金受尅太過，在平衡機制上，肺金未能制約肝木，肝經失控，血疾相繼，心病隨來。

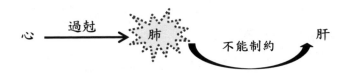

治療方向：採用調火援金的方法。

金尅木的相乘狀態：

肺金能制約肝木，令肝之藏血功能，得以正常運作。

若肺金尅之過度，肝木無力而易折斷，它無法制約脾土，疏洩其氣，引致脾胃失調，吸收力弱，最終百病叢生。

治療方向：採用壓金扶木的方法。

【實例】－ 內五行之相乘

農曆：乙未年丁亥月甲寅日
占問：小豪 占 健康
得卦：火天大有（乾8）化 雷火豐（坎6）
空亡：子、丑　　　卦身：寅

卦爻	六獸	六親	卦象	飛神	伏神	變卦/後六親
上爻	玄	官	O 應	巳		戌官
五爻	白	父	II	未		
四爻	蛇	兄	I	酉		
三爻	勾	父	I 世	辰		
二爻	朱	財	O	寅身	丑官空	
初爻	龍	子	I	子空		

丁
亥
月
甲
寅
日

沖散
失合
剋制
動剋

〔分析〕

「相乘」者，是某爻辰被過度受尅受制，令其功能盡失，六爻五行，無法達至平衡的狀態。

世持辰土，本能可約制水，卻失於時令，又受日辰、卦身相尅，已是肝氣橫逆尅脾土，可導致泄瀉痾嘔，更糟的是，應化戌土來沖，將虛弱的「辰土」沖破，本身已支離破碎，又怎能再約制水呢？

辰土受尅，脾虛胃弱，沒法約制腎水，水多需泄，簡單而言，便會造成嘔吐、腹瀉等病徵。世應六沖，更有快、急、速的意象，所以嘔吐也好、腹瀉也好，病起突然。

實況：小豪突然攪肚及肚屙。

〔內五行相侮〕

「侮」即恃強凌弱。「相侮」即五行反侮，亦稱五行反尅。若大家思路清晰，便明白「相侮」的意藏，是闡述病理之變化及其治療的方向。

五行相侮的次序：土侮木，木侮金，金尅火，火尅水，水尅土。五臟相侮的次序：脾侮肝，肝侮肺，肺侮心，心侮腎，腎侮脾。

五臟相侮情況：

脾侮肝：土乘木弱，可反尅肝木，稱「土壅木鬱」。

肝侮肺：肝火旺，影響肺氣清肅，肝木太過，反侮尅金，其病由肝轉肺。

肺侮心：心火弱，受肺金反尅，注意心臟疾病。

心侮腎：火旺尅腎水，泌尿系統易出問題。

腎侮脾：水大反尅脾土，脾胃腫脹疾病。

臟腑相侮

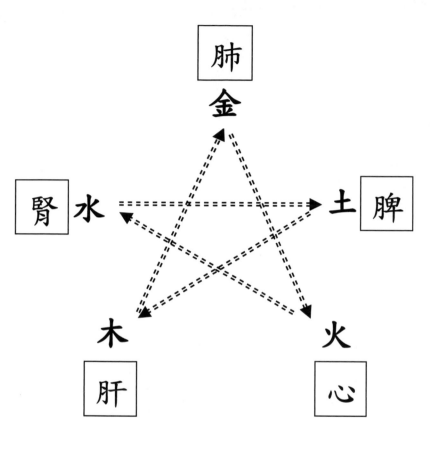

相侮 ========▶

【實例】- 內五行之相侮

農曆：乙未年戊子月己丑日

占問：永康 占 健康

得卦：天山遯（乾3）化 澤山咸（兑4）

空亡：午、未　　　卦身：未

卦爻	六獸	六親	卦象	飛神	伏神	變卦/後六親

| 上爻 | 勾 | 父 | O | 戌 | | 未空父身 |

| 五爻 | 朱 | 兄 | I | 申 | | |

| | | 應 | | | | |

| 四爻 | 龍 | 官 | I | 午空 | | 金侮火 |

| 三爻 | 玄 | 兄 | I | 申 | | |

| 二爻 | 白 | 官 | II | 午空 | 寅財 | |

| | | 世 | | | | |

| 初爻 | 蛇 | 父 | II | 辰 | 子子 | |

戊子月己丑日

〔分析〕

　　世午火失令，月建來沖，更值旬空，官爻失勢，雖臨白虎，也無從為禍。白虎官爻無力，反遭乘旺之申金反剋（金侮火），即肺尅心，心臟主血，顯示出永康的心臟、血液有問題，有時火亦主發炎。另一方面，金過強，也主肺或大腸出問題。

　　世在二爻，非心臟位置，箭頭便可指向血液和發炎兩方面。再看世伏寅木，令午火官爻得到支援，餘力還在；寅木是肝經，肝經經脈串連全身，有藏血功能，將兩者引伸，好大機會是皮膚疾患。

實況：永康雙手，患有皮炎，吃藥也無效，按醫生建議，需長期
　　　搽用潤膚膏。他手上生水珠，有輕微刺痛，好了又生，生
　　　了又好，令他不勝其煩！

　　　他補充說，氣管不好，轉天氣或飲冷凍飲品，便會咳嗽。

　　讀畢此章節，相信讀者應知道，五行學說實為中國醫學的基礎理論。因此，任何術數，總離不開五行運用，其引用於象數六爻中，尤為明顯。

【七】「生扶拱合」禍多來

有些歌訣，看上去是平平無奇，當我們反覆朗誦，又會有另一番體會。

生扶拱合最有情，
用神得之事必成；
占病無功反成害，
生扶官鬼禍不停。

這首歌訣，上兩句正好道出「生扶拱合」好的一面，下兩句卻指出它壞的一面。

一般占問，用神得「生扶拱合」，事情可水到渠成，結局完美。不過，世間事物，總不會朝同一方向移動，凡事必有例外，在這章節裡，會跟大家分享和討論。

占問疾病或健康，用神是官爻，不利被「生扶拱合」，何解？因為官爻主疾病，得日月來生旺，病氣會變強，疾患會加深，身體會腐壞，病患自然多，最終災禍難逃！

下面是一些舉例，希望有助讀者思考。

【舉例】 - 官爻得「生」

占問： 江哥 占 疾病
得卦： 天風姤（乾2）

六親	卦象	飛神	伏神	
父	I	戌		
兄	I	申		
官	I	午	←------- 用神得月建生	卯 月
	應			
兄	I	酉		
子	I	亥	寅財	
父	II	丑		
	世			

➤ 官爻得生，病重有因。

【舉例】－ 官爻得「扶」

占問： 妙姐 占 疾病

得卦： 艮為山（艮1）化 山天大畜（艮3）

六親	卦象	飛神	伏神	變卦/後六親
官	I 世	寅		
財	II	子		
兄	II	戌		扶
子	I 應	申		
父	X	午		寅官
兄	X	辰		子財

➤ 官爻得扶，病已成真。

【舉例】– 官爻得「拱」

占問： 文文 占 疾病
得卦： 雷山小過（兌7）化 雷澤歸妹（兌8）

六親	卦象	飛神	伏神	變卦/後六親
父	II	戌		
兄	II	申		
官	I	午	亥子	
	世		拱	
兄	O	申		丑父
官	X	午	卯財	卯財
父	X	辰		巳官
	應			

➢ 官爻得拱，病勢不減。

【舉例】– 官爻得「合」

占問：成德 占 疾病
得卦：風天小畜（巽2）

六親	卦象	飛神	伏神	變卦/後六親
兄	I	卯		
子	I	巳		
財	II	未		
	應			
財	I	辰		酉官
兄	I	寅		
父	I	子		
	世			

（辰 — 酉 合）

➤ 官爻相合，病難根治。

　　占疾病，官爻被「生扶拱合」時，問題自然多多，病患定必連連，不過，我們判卦，還要兼顧其它爻辰。尤其是原神財爻，不容忽視，有謂「財旺官也旺，官旺父發狂」，爻辰互相影響，讀者應要多加留意！

【八】「刑沖尅害」病成災

判病卦，官爻、財爻除了怕受「生扶拱合」外，他們更怕遇上「刑沖尅害」的配搭。當用事位出現了這類不良結構，疾患便會變得複雜及嚴峻，也間接影響當中的人事變化。判斷疾病與人事，不可單憑一爻辰之得失作定論，必需從整支卦象的結構來分析。有關這方面的推斷法則，各位可參看本人著作《象數易入門及推斷技巧》或《象數易六爻透視入門與推斷》修訂版兩本書。

斷卦原則，其實不太複雜，只要清楚飛神落位、明白六親配搭、理解六獸形態，與及捕捉爻辰動化，便可讀取卦意，觸摸卦心，推演全局，作出判斷。這就是用卦之基本。

「刑沖尅害」四字，當中包含著相刑、相沖、相尅、相害四種狀況。一般課題占卜，如事業、財運、感情、投資等，皆以不見「刑沖尅害」為吉，事情才會發展順利；問病亦不例外，都不喜見「刑沖尅害」，見之，疾病不但難纏，而且還令當事人，添加了一份無力感！

無力感的源頭，來自爻辰間之相刑、相沖、相尅和相害。一般人可能沒有留意，六爻刑尅，各有缺陷。爻辰相刑時，便有相刑的問題；爻辰相沖時，便有相沖的無奈；爻辰相尅時，便有相尅的痛苦；爻辰相害時，便有相害的隱憂！當事人受到疾病折磨，根治無從，其心底裡，不期然產生一種無力的感覺！

怎樣從六爻中，去捕捉當事人疾病背後的狀況和情緒？除了

要有純熟的推斷技巧外，也要明白六親和六獸的變化，不可單憑片言隻字，就能解釋得清楚。當中細節，還要大家花點時間，從六爻結構去推敲，才可逐步掌握當中竅門。

接下來，需要借用一些例子，去解釋「刑沖尅害」的情況，同時，也可加強讀者對全局的理解。

〔爻辰相刑〕

問健康，爻辰相刑，當事人的病情，處於徘徊狀態之中，既沒有轉壞，也沒有轉好，要長期承受著病魔的煎熬，身心俱痛。哪種無助、無奈的心境，誰能理解？

相刑組合，其實並不太多，一般可分成四種：

1〉桃花相刑

四桃花中，「子」與「卯」兩個相生爻辰，是一對相刑的姊妹花。桃花相刑，問感情，情慾愛恨，糾纏不清；占疾病，見「子卯相刑」，病患總是揮之不去，無法割斷。

用事爻見「子」又見「卯」，便成「子卯刑」的不良結構。

2〉長生相刑

「寅申巳亥」是四長生的行度。長生相刑，帶有綿遠的意象。四長生中，只有「寅申巳」三個是相刑的，『寅刑巳』與『巳刑申』，兩者破壞力不大，但卻有患病延年情況。

卦中最怕見齊「寅申巳」三個爻辰，是一個逐步崩裂的意象。雖然問題來得較慢，但是結局總令人心酸滴淚！

3〉墓庫相刑

　　辰土柔軟，容易崩破，所以，在墓庫相刑中，沒有辰土的存在。墓庫相刑，其實是「丑戌未」三土相刑。『未刑戌』和『戌刑丑』的出現，病情不會去到無法挽救的地步，只要子爻旺相，總有解決的方法。

　　各種相刑，以「丑戌未」帶來的破壞最大又最快。只要成局，一切會在瞬間瓦解，無法挽回。卜病，原卦用事爻見丑和戌，再跟化爻、日辰或月建之「未」土，會而成局，尤忌子爻在其中，「丑戌未」便成為藥石無靈的克應！倘若是用神官爻合局，反是吉兆，皆因官爻遭瓦解，便是病去回春的意象。

4〉「辰午酉亥」自刑

　　被擠出四桃花、四長生和四墓庫的相刑爻辰，只有四個，正是午、酉、亥、辰四地支。它們不跟其它爻辰相刑，製造問題；反而跟相同的爻辰自刑，造成障礙，或者，這正是俗語所說的「自取其咎」！

　　凡在卦內，疊見「辰午酉亥」，即辰辰、午午、酉酉和亥亥，便是自刑的不良組合。在自刑影響下，當事人的病患，往往由他自己的不當行為所引致的。

【舉例】– 子卯相刑

占問： 雄哥 占 疾病
得卦： 巽為風（巽 1）化 水風井（ 震 6 ）

六親	卦象	飛神	伏神	變卦/後六親
兄	O 世	卯	----- 相 刑 -----➔	子父
子	I	巳		卯
財	II	未		月
官	I 應	酉		申 日
父	I	亥		
財	II	丑		

分析：

➢ 世應六沖，官爻尅世卯木。

➢ 卯木是肝經，亦主精神系統。

➢ 卯木在上爻，為頭部，金尅木，既受尅，是精神系統方面問題。

➢ 由於卯化子，成「子卯刑」，可判精神受壓，情緒無法宣洩。

【舉例】–「丑戌未」三刑

占問： 琦琦 占 疾病
得卦： 地火明夷 （ 坎 7 ） 化 水火既濟 （ 坎 4 ）

六親	卦象	飛神	伏神	變卦/後六親
父	II	酉身		
兄	X	亥		戌官
官	II	丑		三刑
	世			
兄	I	亥	午財	
官	II	丑		
子	I	卯		
	應			

申月未日

分析：

➤ 世、化爻、日辰，組成「丑戌未」三刑。

➤ 「丑戌未」三刑主瓦解。

➤ 官爻丑土在四爻，是乳房腫瘤、乳房硬塊、乳癌的徵兆。
   成局，官爻被瓦解，主病患不真。

〔爻辰相沖〕

所謂相沖，其實是指地支成六沖的狀態，即子午、丑未、寅申、卯酉、辰戌、巳亥。除了屬土爻辰，凡相沖，兩爻必然在相尅狀態。

> 子午、巳亥是水火相尅而沖。
> 寅申、卯酉是金木相尅而沖。
> 丑未、辰戌是兩土相撼而沖。

卦中見之，主急病來犯，這是一般通則。

占疾病，用事位置遇上爻辰相沖，即病來沖我。爻辰在六沖狀態，主病來必急，疾起必快。當事人病發在瞬間，弄得手足無措，甚至失救而亡。

〈1〉水火相沖

　　亥、子屬水；巳、午屬火。水火相沖，尤如水落熱鍋，激起層層熱霧，盪起粒粒水珠，飛濺而出，所以，「子午」與「巳亥」的組合，有疾病突發的意象。

【舉例】－世應「子午」相沖

占問：　雯雯　占　疾病
得卦：　天雷无妄（　巽 5 ）

六親	卦象	飛神	伏神	變卦/後六親
財	I	戌		
官	I	申		
子	I	午		
	世			相
財	II	辰		沖
兄	II	寅		
父	I	子		
	應			

分析：

➢ 世應「子午」相沖，俗稱暗動。

➢ 用神官爻不在用事位，只主病來急快，但並不嚴重。

【舉例】– 官爻與日辰「子午」相沖

占問： 永佳 占 疾病
得卦： 澤水困 （ 兌 2 ）

六親	卦象	飛神	伏神	變卦/後六親
父	II	未		
兄	I	酉		
子	I 應	亥		
官	II	午身	← ---- 相沖 ----	卯月 子日
父	I	辰		
財	II 世	寅		

分析：

➢ 日辰子水沖動用神午火，官爻被沖起，急病降臨。

➢ 午火為心經，主小腸、血患等疾。

〈2〉金木相沖

　　申、酉屬金；寅、卯屬木。金木相沖，彼此互撼，不分軒輊。「寅申」與「卯酉」的組合，便有很強的沖尅和敵對的意象。

【舉例】－ 應與動化爻「寅申」相沖

占問：　小玲 占 疾病
得卦：　雷水解（ 震 3 ）化 震為雷（ 震 1 ）

六親	卦象	飛神	伏神	變卦/後六親
財	II	戌		
官	II	申		
應				
子	I	午		
子	II	午		
財	0	辰		
世				
兄	X	寅	子父	子父

相沖　　寅兄

卯
月
酉
日

分析：

➤ 世化爻寅木，回頭沖動申金官爻，便將疾患沖出來。

➤ 申金為肺經，主大腸、呼吸頑疾。

➤ 官爻得日辰助旺，病患不可忽視。

【舉例】－ 世與月建「卯酉」相沖

占問： 芬芬 占 疾病
得卦： 山火賁（ 艮 2 ）

六親	卦象	飛神	伏神	變卦/後六親	
官	I	寅			
財	II	子			
兄	II 應	戌			
財	I	亥	申子		酉
兄	II	丑	午父	相沖	月
官	I 世	卯	←‑‑‑‑		亥 日

分析：

➢ 世臨官爻卯木，月建酉金沖動。

➢ 卯木為肝經，主肝病、血疾。

➢ 若臨螣蛇，肝有病，會減低解毒功能，可能引發皮膚敏感、皮炎、
　濕疹等症狀，纏綿難癒。

〈3〉兩土相沖

辰戌丑未皆屬土，四者性質相同，結實而有力，當兩土互沖時，究竟是土崩瓦解，病隨風散？還是土硬互擊，激起病患？一切非從整體卦象分析不可。

【舉例】－ 日辰與應「辰戌」相沖

占問：　德叔 占 疾病
得卦：　水雷屯（ 坎 3 ）

六親	卦象	飛神	伏神	變卦/後六親
兄	II	子		
官	I　應	戌		
父	II	申		
官	II	辰	午財	
子	II　世	寅		
兄	I	子		

相沖　巳月辰日

分析：

➤ 官爻戌土臨應，被日辰辰土沖起，官動病自來。

➤ 戌土為脾胃，主消化、吸收、腫瘤。

➤ 不宜見勾陳和白虎，易發展成癌腫瘤。

〔爻辰相尅〕

這裡談到的爻辰相尅，其實是指官爻來尅用事爻。特別是官爻尅世，當事人的身體，受病氣來襲，影響所及，病情吃緊，苦痛難免！此刻，一定要審視官爻是否有氣，來定病之輕重，及能否痊癒。

爻辰相尅的嚴重性，可大可小，視乎尅制程度而言。若官爻得令，意態瘋狂，確實令人恐懼莫名！

一般的相尅，只需看五行，不用想得太多。

世持木，「金」官爻來尅。
世持火，「水」官爻來尅。
世持土，「木」官爻來尅。
世持金，「火」官爻來尅。
世持水，「土」官爻來尅。

【舉例】－ 應官來尅世

占問： 家豪 占 健康
得卦： 巽為風（巽1）

六親	卦象	飛神	伏神	變卦/後六親
兄	I	卯 ←		
	世			
子	I	巳		尅
財	II	未		
官	I	酉 →		
	應			
父	I	亥		
財	II	丑		

➤ 官爻來尅世，病魔來犯。

【舉例】－ 官動尅世

占問： 彤彤 占 健康
得卦： 澤火革（坎5）化 天火同人（離8）

六親	卦象	飛神	伏神	變卦/後六親
官	X	未 ⎤		戌子
父	I	酉 ⎥ 動		
兄	I	亥 ⎦ 尅		
	世			
兄	I	亥	午財	
官	II	丑		
子	I	卯		
	應			

➢ 官動尅世，病患暗藏。

【舉例】 – 化官尅世

占問： 詠嘉 占 健康
得卦： 澤水困 (兌2) 化 澤風大過 (震7)

六親	卦象	飛神	伏神	變卦/後六親
父	II	未		
兄	I	酉		
子	I	亥		
	應			
官	X	午		酉官
父	I	辰		
財	II	寅		
	世			

動化 → （午 到 酉官）

回頭尅 （酉官 到 寅）

➤ 化官尅世，舊患新病一齊來。

對用卦的朋友來說，「爻辰相尅」這個概念，不難理解和運用，因此，我不在此再浪費篇幅，直接去下一題目好了。

〔爻辰相害〕

占疾病，卦中出現「爻辰相害」的結構，不少人會感到迷惑，不明推斷方向，因此，他們無法拿捏到六爻之重點所在，尤如隔靴搔癢，搔不著癢處。在象數六爻中，「爻辰相害」的出現，並不少見。六組相害，在本卦六爻，已可見到，若將化爻、月建、日辰加入，成六害的機會，便大大增加。

【舉例】– 本卦成相害

　　占問：Jack 占 疾病
　　得卦：天風姤（乾 2）

六親	卦象	飛神	伏神	變卦/後六親
父	I	戌		
兄	I	申		
官	I	午 ◆		
	應		相	
兄	I	酉	害	
子	I	亥		寅財
父	II	丑 ◆		
	世			

➤ 午火官爻，是心臟問題。「午丑」相害所表達的，正是 Jack 懼怕因心臟疾病，帶來沉重的財務負擔！

【舉例】－ 世與化爻成相害

占問：Apple 占 疾病

得卦：澤天夬（坤6）化 乾為天（乾1）

六親	卦象	飛神	伏神	變卦/後六親
兄	X	未	相害 ----- 戌父	
子	I	酉 ← -------		
	世			
財	I	亥		
兄	I	辰		
官	I	寅	巳父	
	應			
財	I	子		

➤ 官爻化長生父爻，Apple 長期受疾病困擾。

➤ 世子爻酉金與上爻化出的父爻戌土，構成「酉戌相害」，或稱「酉戌相穿」，其意是暗損，可引伸為「拖症」。

【舉例】- 爻辰與月建成相害

占問：Thomas 占 疾病
得卦：火風鼎 （離3）

六親	卦象	飛神	伏神	變卦/後六親
兄	I	巳		
子	II 應	未 ←	相害	子 月
財	I	酉		
財	I	酉		
官	I 世	亥		
子	II	丑	卯父	

➤ 應子爻未土，與月建子水，成「子未相害」。

➤ 「子未相害」為陷阱，這是治療陷阱，不論Thomas用多少錢，
治療總是未見成效。

109

　　爻辰相害，共有六組，當中的寅巳、卯辰、申亥三組，影響輕微；而酉戌、子未、午丑三組，為禍深遠，也即我們所說的「酉戌穿」、「子未害」和「午丑害」，不論它們在那一種情況下，患病支出，都大大超出當事人的預期。

　　對初接觸易卦的朋友來說，爻辰相害確實不易理解，也容易產生疑惑！其實，我們應怎樣去解讀相害，才算合度、才算準確呢？相信，沒有人可以給你一個圓滿的回答。個人認為，判卦不要跳步，按步切入，自然可掌握到「相害」之核心問題及其禍害。

【九】「爻辰重交」疾多變

講完「生扶拱合」和「刑沖尅害」兩種情況，還要交待爻辰發動時所產生的病理變化。占疾病，靜卦比動卦容易捕捉患病源頭，何解？皆因靜卦只取用神官爻或原神財爻作為斷病的依據。

官爻持寅、卯兩支，斷為肝經疾患；若財爻持寅、卯兩支，是由肝經引發的情緒疾病。

官爻持巳、午兩支，判為心經疾患；若財爻持巳、午兩支，是由心臟引起的血流疾病。

官爻持辰戌丑未四支，定為脾胃疾患；若財爻持四庫，是由脾胃引起的腸胃腫瘤疾病。

官爻持申、酉兩支，指為肺經疾患；若財爻持申、酉兩支，是由肺經引起的呼吸疾病。

官爻持亥、子兩支，斷為腎經疾患；若財爻持亥、子兩支，是由腎經引起的泌尿疾病。

但是，當爻辰發動時，整支卦便被牽動而變形，正是「爻在動，病在變」的相應變化。因此，古籍也有提及『官化官，病變不一』的說法。只要爻在變，病也在變變變⋯⋯

爻辰發動，可分為「用神發動」，「原神發動」和「他爻發動」三種情況：

「用神發動」

用神即官爻，官爻發動，即疾病發生變化，其變化，有變好也有變壞，要視乎動化後，爻辰的後六親，和其五行，對用事位造成怎樣的吉凶克應。

例：官化子為吉，找到治療

```
官      X      申 ◀------回頭尅------- 午子
        世
```

六親關係：子爻尅官爻。

爻辰五行：午火尅申金，病作惡無從。

爻象克應：疾病受尅制，健康增壽祿。

卦象訊息：吉象。

例：官化官為凶，病變不一

官　　　0　　　申 ────────反 吟────→ 寅官

　　　　　應

六親關係：官爻化官爻。

爻辰五行：木回頭沖金，將病氣沖起。

爻象克應：一病變多病，根治不知方。

卦象訊息：凶象

　　回頭沖不限於應位化出的爻辰，有時，他爻化出的爻辰，同樣可回頭沖應，不過，這刻不是指一病變多病，而是顯示有病來沖，只可推斷為容易感染疾病而已！

例：金化土為凶，腫瘤克應

官   0   申 ◄------回頭生------ 未兄

應

六親關係：官爻尅兄爻。

爻辰五行：回頭土生金，病患根治難。

爻象克應：病性軟變實，腫瘤克應急。

卦象訊息：凶象。

進一步推敲，官化兄爻未土，另有一重含意。

六親訊息：兄爻主劫財。

四庫訊息：未土主金錢。

深層寄意：因病破大財。

本人將爻辰的各種訊息及義意逐步列出，是希望讀者明白當中理路，有助掌握運用。

【十】病起飛神五行氣

傳統象數易，借助官爻五行來判斷疾病，是否準確無誤、百發百中？當然不是！ 官爻所表達的，只是反映病患的屬性和傾向，因此，不要一見午火官爻，便指當事人患上心臟病，若是如此，斷卦未免過於草率。其實，「午火」除了是心臟病外，也可引伸為血疾、發炎等病症。

舉例來說，若官爻持午火，而卦身落在亥水上，有機會是腎臟發炎；若官爻持巳火，又伏著個財爻卯木，正是財生官的結構，木為經絡，火為發炎，可能是皮膚發炎，也可能是壞血疾患。

所以，我們判卦，尤其是判病卦，不可以單憑用神的五行來作定斷，否則，容易錯漏百出，害人誤己！還是那一句話，不論哪個課題，我們斷卦，需要全盤觀察，才可作出正確的判斷。

直至現在，六爻斷病的準確度，沒有人可劃出一條界線，定其高低，作個定論。 回望古代社會，人民知識貧乏，相信更難找到數據的支持和印証。

　　無可否認，在某種特定的條件下，官爻確實可以成為一個斷病指標，而這個指標訊息，會否成真？　還須小心考慮下列兩點。

其一，當官爻失位的時候。

其二，當官爻落空的時刻。

　　官爻在「失位」與「落空」的兩個層面裡，我們應該怎樣去理解官爻的狀態，才算合度呢？

　　若用卦者不明兩者定意，胡亂吹噓，或許可騙人一時，當謎底揭開，最終還是站不住腳的。坊間曾流傳，指「失位」是病輕、說「落空」是無病。聽上來，好像有點道理，是否真的如此，還是要進一步去推敲研究。

何謂官爻「失位」？

　　一般人認為，官爻不落世、應兩個位置，就是「失位」。這種想法，當然是個誤解。「失位」的正確意思，其實是指「病位」與「五行」，並不配合，在這種情況下，我們應怎樣判斷當事人所患何症？才是重點。　非一句病輕，便將其人的疾患，輕輕的帶過！

　　有關「病位」與「五行」資料，讀者可翻閱本書第二章和第三章，自會清楚明白。借助六爻測病，「病位」與「五行」，必需配合，才會準確推斷病患。

　　古人守秘，當然不會多提；今人不懂，根本無從入手。本人學卦較遲，掌握資料不多，研究疾病課題，每每舉步艱難。唯一方法，是翻看古籍、保存實例和等待印証。我前後用上八年多時間，總算找到了斷症的方向。現在，按五行分類，敘述官爻「失位」的情況，逐步將迷霧撥開。

　　若想知道怎樣才算是官爻「失位」？首先要明白五行與腑臟的連繫，否則，一切努力，都是徒勞無功！

〔金主肺〕

若官爻持著申、酉兩金，金主肺，降臨五爻位置，按《卜筮元龜》古訣，「五爻腎臟多氣脹」，是呼吸系統疾病，既然五行和病位相配，這才算「合度」。

假若官爻落入其它位置，爻位與五行並不一致，便是「失位」，此刻，不可斷其人肺部出現問題，需要全盤推敲，從六爻配搭，找出正確病患。

〔水主腎〕

官爻得亥、子兩水，水主腎，應落在三爻位置，「三爻腰背常輕軟」，是泌尿系統疾患，五行與病位得配，才算合度。假若官爻落入其它位置，便是「失位」，如在上爻，水在頭上，非腎臟位置，不可妄說當事人患上腎病，只會掉臉於人前。

上爻是頭，官臨頭位，水主流動，可能用腦過度，引致頭暈、頭痛等問題而已。中醫理論，腎藏精，主骨、生髓，髓海滿盈，則腦得其養，人精靈活躍。若腎陰失養，思維退化，容易患上腦退化症，即一般人所說的『痴呆症』。

〔木主肝〕

官爻是寅也好、是卯也好，皆屬木，木主肝，應落在三爻或四爻位置，「三爻腰背常輕軟，四爻必腹及肚腸」，這才算合度。

假若官爻落入其它位置，五行與落位不成配，正是官爻「失位」的時候。這刻，木不直接指向肝臟，應作適度引伸。肝可藏血，肝主神經，到此階段，需留意卦身、動爻兩者所起的作用。卦身在上爻，多屬精神上的問題；卦身在五爻，亦可能跟心臟疾患扯上關係，尤其是卯木或寅木動化為土的時候，便有可能發展為「心肌梗塞」等疾病。

〔火主心〕

官爻屬巳或午，是火氣連官，火主心，應落在四爻或五爻位置，「四爻必腹及肚腸、五爻腎臟多氣脹」，腎弱水少，未能制火，火強土旺，正是心臟病患，五行配合爻位，才算合度。

假若官爻落入其它位置，已失去了臟腑和五行的串連關係，官爻已屬「失位」，此時，要看官爻落於何位，與及世、應、動爻之變化，才可定出病在何方！

〔土主脾胃〕

官爻持四庫，即辰戌丑未，土主脾胃，即消化系統是也，其位應在三爻或四爻，「三爻腰背常輕軟，四爻必腹及肚腸」，才算合度。假若官爻落入其它爻位，不是消化方面疾病，便屬「失位」。失位的官爻，土氣充盈，聚結力強，土轉其形，化作腫脹、腫瘤等病症，此時，應審視官爻落位，推斷病情。

下述一些病徵，大家可作參考。

官爻失位「土」來傷

官落六爻上，土重形為塊，腦內瘤不良。
官落五爻地，土重意為閉，管道見瘤房。
官落四爻位，土重意為塞，血流不通暢。
官落三爻地，土重意為聚，腑臟起瘤牆。
官落二爻位，土重意為剛，兩腳靜脈張。
官落初爻地，土重形為脹，根膜兩足傷。

　　當官爻失位，一般卜者斷症，容易陷入迷惘境地，沒法捉摸官爻去向，又怎能確定當事人的患病根源呢？本人曾翻閱一些古籍，試圖尋找「官爻失位」的相關論斷，可惜事與願違，未能找到絲毫痕跡，解開心中疑團！在別無他法下，唯有花上一段較長時間，從病例中去尋找答案。及後，我得出一個結論：當「官爻失位」時，患病情況，變化極大。

　　遇上「官爻失位」，必需懂得「五行引伸」，才可推斷疾病源頭。舉例來說，午火屬心，官爻應在四爻或五爻，可以判當事人心臟患病；若它入二爻，便是「官爻失位」，由於心是用來泵血，此刻的午火，便可引伸為血，二爻為腳，便是腳部血液運行不順，再臨勾陳，正是腳腫或靜脈曲張等病的克應。

　　當官爻失位時，除了用來推敲相關的病患外，有時可用來看疾病之真假，或患病的根源。大家應多加留意。

何謂官爻「落空」？

官爻「落空」，即官爻跌入旬空。「旬空」兩字，對學卦的朋友來說，並不感到陌生。「旬空」有真假之分，兩者區別，在於官爻身處哪個時空中，便可知道，它屬「真空」還是「假空」。「假空」力量強，「真空」力量弱；官爻強，病患嚴重；官爻弱，患病不深。

有謂：「爻辰真空軟無力，假空爻辰力非凡」。凡論真空與假空，必須小心看時空。爻辰值月，是為「得令」；爻辰出月，是為「失令」。「得令」與「失令」，兩者結局，截然不同。

倘若官爻失令，本身已虛弱無力，再遇旬空，如空心朽木，徒具其形，卻無其實，正是病來不真的情況；反過來說，官爻若然得令，即使遇上旬空，亦不可忽視，其象雖空，實為不空，不空爻辰，力量仍在，因此，當事人患病，已是不爭的事實，只是他未病發而已。所以，才有「得令旬空，克應待時」的說法。殘疾病患，時空一到，沖空填實，克應立至。判卦時，真的不可不慎也！

倘若讀者有興趣深入了解「旬空」課題，可參看本人著作《象數易六爻透視入門與推斷》修訂版之「旬空」章節。

五行病性可互通

占疾病，以官爻為用神，財爻為原神。財官兩爻，主宰病患的走向。訣云：「木肝水腎烈火心，金肺土脾各分臨，爻辰歸納臟腑內，病出五行好追尋。」訣中所指，正是官爻臨不同五行的反射，用來推斷主要疾病。

傳統易卦，占病取官爻為用神，作斷病準則，因此，卜者以官爻五行為索引，倒十分合理。問題是，當人人都朝著這個方向研究時，反而忽略了其它爻辰，而它們存在，有時是疾患的根源。若卜者自畫界限，眼界流於狹窄，推斷只會偏於一隅！最終，只會出現時準時不準的情況。

若想打開這個沉悶局面，必需了解『五行互通』的道理。所謂互通，是指五行氣場之相連。占疾病，除了用神，其實用事爻（世、應、卦身）所持的五行，也可直接或間接用來推斷疾病。

或許，應多說一點，令大家的概念更清晰。

占疾病，應按用神官爻之五行推斷，不過，其餘六親的五行，亦不可視而不見，尤其是當官爻失位的時候，任何六親爻辰落在用事位，也可借用其五行，作為斷病的依據。

卦象六爻，六親分佈，各持五行，其實，這裡所講的『五行互通』，簡單來說，是指每個爻辰五行，各懷患病基因。若將六親和六獸移開，把視線放在飛神之上，大家的焦點，相信會更加

集中。只用五行推斷，應該會更加得心應手。假如讀者明白當中道理，對易卦的推斷，自可向前大跨一步，到達另一境地。

這裡另有一首歌訣，跟上訣有異曲同工之妙！讀者可作參考。

只論五行屬何宮
五宮相連腑臟通
肝膽心胃脾肺腎
五行直指病來龍

說了這麼久，或許大家覺得有點混亂，現拿實例來討論，容易解開讀者的疑團。

【實例】

陰曆：丁酉年壬寅月癸亥日

占問：霍老伯 占 健康

得卦：雷澤歸妹（兌8）化 兌為澤（兌1）

空亡：子、丑　　　卦身：申

卦爻	六獸	六親	卦象	飛神	伏神	變卦/後六親
上爻	白	父	II	戌		
				應		
五爻	蛇	兄	X	申身		酉兄
四爻	勾	官	I	午	亥子	
三爻	朱	父	II	丑空		
				世		
二爻	龍	財	I	卯		
初爻	玄	官	I	巳		

〔分析〕

➤ 火為心、為小腸、為發炎。

➤ 用神官爻兩現，一在初爻，一在四爻。初爻是腳掌，與「火」相應的位置不同。四爻是肚、腸、小腸部位，亦非「心火」之地。因此，可以肯定，病不從「心」而來。

➤ 深入分析，午是桃花，在三爻四爻之間，可能跟生殖器官有關。

➤ 看，世應持丑戌兩土，土是脾胃、胰臟、腫脹、腫瘤。因兩土失令，病情未到危險地步。

➤ 推斷是生殖器官生腫瘤。

回覆：占卦後兩天，霍老伯收到醫療報告，証實他患上初期前列腺癌。霍老伯更透露，兩年前，他已患上糖尿病（胰臟問題）。

　　舉此例，是希望讀者明白，斷病除了看官爻外，也要兼顧用事爻，作整體推斷。

【十一】肝經疾病

　　站在中醫的角度，肝經較為複雜，由它衍生的疾患，也十分廣泛，因此，學卦的朋友，最好對肝經有點基本認識，否則在判卦時，未能推斷病患的根源及其發展。

　　肝經起於足大趾，沿足背內側向上，經過內踝上行至小腿、膝、大腿，再沿內側中線進入陰毛中，繞過生殖器官，達至小腹，夾胃兩旁，屬於肝臟。肝臟跟膽腑聯繫，通過橫膈，分佈於脅肋部位，經過喉嚨，進入鼻咽，連接目系，經前額到達巔頂與督脈交會。從它行經的路線來看，肝經是貫通全身，因此，跟肝經有關的疾病，確實不少！

　　在機能上，肝能用來儲藏不用的血，使之沖和暢達，涵養肝氣。《素問·五藏生成》說：「肝受血而能視，足受血而能步，掌受血而能握，指受血而能攝（開合）。」　如果肝臟有病，可出現肝血虛虧，兩目乾澀昏花，筋脈拘急麻木等症狀。

　　肝又主疏泄，便可推論它與精神方面有關。肝的生理特性，是主動和主升，所以，人的情緒，宜宣洩而惡抑鬱。　肝氣不舒則傷肝，稱為「肝氣鬱結」，表現為胸悶氣結，頭昏目眩，噯氣吞酸，胸脅乳房走竄脹痛、思想紊亂等。

〔足厥陰肝經圖〕

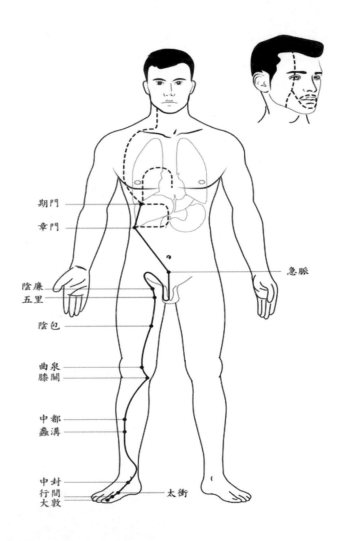

期門
章門
急脈
陰廉
五里
陰包
曲泉
膝關
中都
蠡溝
中封
行間
大敦
太衝

許多時候，習卦的人，只懂用官爻的五行，來推斷病情之輕重，卻不知道，怎樣利用官爻，來判斷病體與病因。通常用法，一見官爻屬水，便判斷是生殖器官疾病；一見官爻屬木，便判斷是肝臟疾患；一見官爻屬火，便判斷是心臟毛病；一見官爻屬土，便判斷是腸胃失衡；一見官爻屬金，便判斷是肺部問題。或許，對很多人來說，這些判斷，已經足夠，無需再進一步去深入探討！

其實，不少人不明白，官爻所顯示的，只是眼前的患病，對於病因及其發展，未必能從該爻中探求出來。舉個例說，官爻屬金，為氣管病，這病是怎樣引發出來？會不會向壞方向發展？有時，我們無法在官爻上找到答案。氣管病患的成因很多，當事人可能是先天氣管弱，亦可能是感冒菌入肺，也可能因天氣轉變著涼引起，諸如此類，我們要從它爻中，嘗試尋找答案。

在這裡，多說一句，官爻五行所顯示的疾病，未必完全配合，有時，還要參考財爻、卦身、化爻等，才可作出推斷。 所以，由肝經引發的疾病，寅、卯兩地支，不一定現於官爻之上，這點大家不可不知也！

由於肝引發的疾病，十分廣泛，當我們在判卦時，必須小心謹慎，莫因一時大意，錯判病情，誤了令當事人醫治的黃金時期。

〔肝臟位置〕

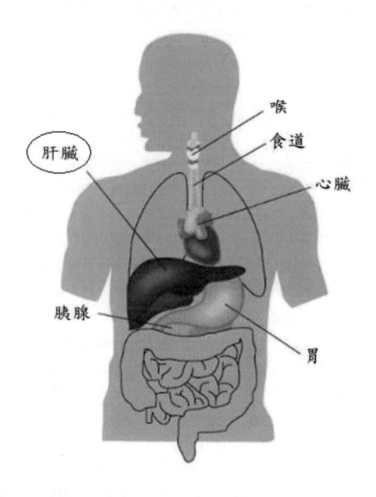

　　易卦斷病，十分注重五行性質，當中「寅」、「卯」兩支，皆屬木氣，為肝經爻辰，主血患、主肝疾、主神經。兩爻受生、受尅、受刑或受害，造成不同的病患克應。

　　一般來說，寅卯在初爻或二爻，病患在腳部，特別是官爻寅木臨勾陳（或青龍），是靜脈曲張的克應。尤其是喜歡穿高跟鞋的女士，最容易患上此疾。

【舉例】－ 靜脈曲張

占問：小恩 占 健康
得卦：雷天大壯（ 坤 5 ）

卦爻	六獸	六親	卦象	飛神	伏神	變卦/後六親
上爻	龍	兄	II	戌		
五爻	玄	子	II	申		
四爻	白	父	I	午		
			世			
三爻	蛇	兄	I	辰		
二爻	勾	官	I	寅		
初爻	朱	財	I	子		
			應			

靜脈曲張

〔分析〕

　　二爻是足；寅木是經絡；勾陳是腫脹，綜合各項，是靜脈曲張的克應。若寅卯在三爻或四爻，要留意生殖器官方面的問題，若見青龍卯木，小心尿道感染或性器官疾病。

【舉例】- 生殖器官感染

占問：冠基 占 疾病
得卦：水地比（坤 8）

卦爻	六獸	六親	卦象	飛神	伏神	變卦/後六親
上爻	蛇	財	II 應	子		
五爻	勾	兄	I	戌		
四爻	朱	子	II	申身		
三爻	龍	官	II 世	卯		
二爻	玄	父	II	巳		
初爻	白	兄	II	未		

器官感染 ←------

〔分析〕

　　三爻是股部上下；卯木是桃花，引伸為生殖器官；青龍是
享樂，綜合各項，是生殖器官感染的克應。

寅卯在上爻，主精神問題。不要一見類似卦象，便去認定當事人患上精神病，否則，對病者而言，會產生負面影響。其實，精神科亦有輕重之分。 輕者，只是睡眠質素欠佳，或偶有失眠，容易令人發脾氣而已。 重者，才會情緒失控，行為衝動，經常產生幻覺等。

凡事要小心求証。切忌無中生有，亂了判病步伐。簡單方法，便是檢視上爻爻辰狀況。為了讓讀者明白，將相關的患病情況，歸納成三點，當出現任何一種狀態，爻辰會被驅使，將當事人推向精神失常的境地。

下面是三點分析，是希望藉爻辰的靜與動，去解釋人的精神狀態：

第一，看看朱雀是否落入官爻或財爻，若是，其人又多自言自語，他的精神狀態，或多或少都有點問題。

例：上爻朱雀持財爻

上爻　　朱　　財　　I　　卯
　　　　　　　　　　　應

➢ 自言自語，精神狀態欠理想。

例：上爻朱雀持官爻

    上爻　　朱　　官　　Ⅰ　　寅
                          世

➤ 語無倫次，幻覺頻生。

　　第二，上爻主頭，若同時發動，也可能是精神方面的病徵。

例：上爻官爻發動

    上爻　　玄　　官　　0　　寅 ——→ 子子
                          世

➤ 官爻動化，子水回頭生旺，加上玄武陰暗，難免思慮過度，
　精神陷入迷惘狀態。

第三，有時，遇上官爻發動，自官化官，亦易發展為情緒病。

例：上爻自官化官

上爻　　勾　　官　　O　　寅──────▶ 卯官
　　　　　　　　　　世

➤ 官爻發動官化官，官旺主發狂。

其實，輕微的精神問題，大部分由日常的工作壓力造成，或可轉個名稱，稱為「精神緊張」較為適合。這類精神病，並非頑疾，可透過一些運動和社交活動，舒緩情緒，自可不藥而癒。

但是，對於嚴重的精神病者而言，無法避免長期的藥物治療，控制病情，讓情緒穩定下來。

肝經實例

實例〈1〉

西曆:		2016		年		11	月		9	日
陰曆:	丙	申	年	己	亥	月	乙	未	日	
占問:	L 太太 占 健康									
得卦:	澤風大過 (震7) 化 山風蠱 (巽8)									
卦身:	卯			旬空:		辰、巳				

卦爻	六獸	六親	卦象	飛神		伏神			變卦	後六親
上爻	玄	財	X	未					寅	兄
五爻	白	官	O	酉					子	父
四爻	蛇	父	O	亥		午	子		戌	財
			世							
三爻	勾	官	\	酉						
二爻	朱	父	\	亥		寅	兄			
初爻	龍	財	\\	丑						
			應							

分析及推斷：

1》問健康，以官爻為用神。現在兩官夾世，助旺父爻，父爻主煩惱，騰蛇為纏繞，表示 L 太太對自己的健康，十分擔心。再者，應持青龍丑土尅世， 她常常覺得大病將臨。

2》世在四爻，為胸肺，亥水動化戌土，可能出現心翳情況，令她懷疑自己生腫瘤，不過，世、應、日辰成『丑戌未』三刑，將三『土』瓦解，原神分裂，土氣無法結聚，所以不是腫瘤的克應。

3》其實，官爻不入世應，又兩官齊現，多非真病， 只是病氣困擾的意象。官爻是酉金化子水，有金水通根的意象，此時，便要看上爻有否發動。動則為多思慮，看未土化寅木，『寅』為肝經，主神經系統。

4》可以推斷，L 太太為某些事物而牽腸掛肚，導致精神緊張，肝氣鬱結，心口翳悶等問題。

建議：找中醫看看，服些舒肝去鬱的藥，便可睡得安寧，她的身體很快可回復過來。

回覆：L 太太是家庭主婦，生活休閒，但是，她太著緊女兒，樣樣超擔心，事事超勞神，又睡得不好，經常懷疑自己患病。

實例〈2〉

西曆:	2006		年		1	月	31	日
陰曆:	丙	戌	年	庚	寅	月	庚	申	日

占問:	蕭女士 占 健康

得卦:	地雷復 (坤2)

卦身:	子		旬空:		子、丑

卦爻	六獸	六親	卦象	飛神		伏神			變卦	後六親
上爻	蛇	子	\\	酉						
五爻	勾	財	\\	亥						
四爻	朱	兄	\\	丑	空					
			應							
三爻	龍	兄	\\	辰						
二爻	玄	官	\\	寅		巳	父			
初爻	白	財	\	子	身空					
			世							

分析及推斷：

1》占健康，世應皆旬空，疾病是否真的存在，還是值得商榷。
世持卦身，蕭女士的疾病，往往是由自己的個性造成的。

2》這支是靜卦，日辰沖官，官爻被沖動，便引發潛藏的問題。

3》用神官爻，配以玄武寅木，坐月建為有力，木主神經系統，
與伏神巳火化長生父爻，父爻主煩惱、憂慮，而玄武則為暗晦，
引伸為不安與焦慮。

4》由於用神官爻寅木，伏神父爻巳火與日辰申金，組成「寅巳申」
三刑，官爻會慢慢瓦解。看卦象，沒有大病，問題在於心神不定，
推斷她患上輕度焦慮症。

建議：凡事要放開一點，保持睡眠充足。

回覆：自沙士爆發後，蕭女士的丈夫及兒子相繼失業，生活迫人，
她無法不擔心和焦慮。

實例〈3〉

西曆:	2011		年		9	月		2	日
陰曆:	辛	卯	年	丁	酉	月	庚	申	日
占問:	曹婆婆 占 疾病								
得卦:	天水訟(離7) 化 澤水困(兌2)								
卦身:	卯			旬空:		子、丑			

卦爻	六獸	六親	卦象	飛神		伏神			變卦	後六親	
上爻	蛇	子	O	戌					未	父	
五爻	勾	財	\	申							
四爻	朱	兄	\	午							
			世								
三爻	龍	兄	\\	午		亥	官				
二爻	玄	子	\	辰							
初爻	白	父	\\	寅							
			應								

分析及推斷：

1》占疾病，以官爻為用神。用神不落世應位置，若健康有問題，
　　亦不會是大問題。

2》這支卦，存在兩個關鍵位。

　　第一，用神官爻亥水，伏在兄爻之下，正是三爻腰背位置，
　　而亥水屬泌尿科，可以推斷，泌尿系統出現問題。

　　第二，上爻螣蛇子爻戌土發動，化未土父爻，戌未相刑；上爻
　　是頭部，父爻為憂慮，螣蛇主怪異，當事人必定是思緒紊亂，
　　精神被受困擾。未土回頭合世化午火，朱雀旺極，每多自言自語。

3》以上兩項，均不會構成嚴重疾病。　雖然，應持白虎父爻，本
　　主喪事，因被日辰沖破，已無力作惡了。

建議：應按時覆診和食藥。

回覆：曹女士已六十出頭，身體不免出現小問題。
　　　i）她尿酸過高（屬泌尿科），引致骨痛。
　　　ii）她思覺失調，經常出現幻覺，與空氣對話。

實例〈4〉

西曆:		2005	年		1	月		13	日
陰曆:	甲	申	年	丁	丑	月	丁	酉	日
占問:	賴先生占 疾病								
得卦:	水天需 (坤7)								
卦身:	酉			旬空:		辰、巳			

卦爻	六獸	六親	卦象	飛神		伏神		變卦	後六親
上爻	龍	財	\\	子					
五爻	玄	兄	\	戌					
四爻	白	子	\\ 世	申					
三爻	蛇	兄	\	辰	空				
二爻	勾	官	\	寅		巳	父 空		
初爻	朱	財	\ 應	子					

分析及推斷：

1》世持子爻申金，生應財爻子水，是生出，其病因，多是自己
　　一手造成的。白虎子爻得助得生於日月，能尅用神官鬼，所
　　以病不嚴重。

2》官爻落於二爻上，正是 「二爻雙腳患非常」，寅木也指四肢，
　　可以斷定其人雙腳有病。

3》再細仔分析，可以知道更多：
　　官爻持寅木，是肝經，他用來解毒的，若出問題，病者會感
　　酸痛或四肢不協調；幸好巳火旬空，寅巳不能化長生，否則
　　會成為頑疾，很難根治。勾陳的象為腫脹。

4》綜合以上資料，憑經驗，很可能是患上痛風症。

建議：若真的是痛風症，賴先生便要小心飲食，少吃豆類、菰類
　　　食物，也不宜飲酒。

回覆：賴先生當面回覆，早兩天參加婚宴，兼做兄弟擋酒，飲下
　　　大量烈酒，睡醒時，發覺雙腳腫痛，由家人摻扶看醫生，
　　　証實因酒精過量，引發痛風症舊患。

實例〈5〉

西曆:		2017	年		5	月		24	日
陰曆:	丁	酉	年	乙	巳	月	辛	亥	日
占問:	小王占 疾病								
得卦:	火風鼎 (離3)								
卦身:	丑			旬空:		寅、卯			

卦爻	六獸	六親	卦象	飛神		伏神		變卦	後六親
上爻	蛇	兄	\	巳					
五爻	勾	子	\\	未					
			應						
四爻	朱	財	\	酉					
三爻	龍	財	\	酉					
二爻	玄	官	\	亥					
			世						
初爻	白	子	\\	丑	身	卯	父	空	

146

分析及推斷：

1》世持官爻值日，疾病已降臨在小王身上。官爻帶玄武亥水，
　　爻辰當旺，玄武主娛樂享受，亥水主泌尿系統。月建『巳』
　　火沖動亥水官爻，本月病情嚴重及反覆。

2》這支卦有一特點，飛神由上爻順生至世爻，五個爻辰得以通
　　關，表面看來，順生是好事，不過，卦無絕對，此卦正是好
　　例子。世應由子官相尅，通過間爻酉金通關，轉為生官，病
　　情自然不妙。

3》靜卦以伏神和卦身為關鍵位。卦身持白虎子爻丑土，白虎主
　　破爛；丑土主凸物；子爻主治療。此時，卦身伏著卯木父爻，
　　卯木為四桃花，引伸為生殖器官；父爻主憂心。綜合各項，
　　小王感染了桃花疾患，俗稱『性病』。

建議：要立即治療，根治病患。康復後，生活也應檢點。

回覆：小王朋友回覆，他感情生活多姿多彩，最終感染性病。

實例〈6〉

西曆:	2017			年		4	月		14	日
陰曆:	丁	酉		年	甲	辰	月	辛	未	日
占問:	鄧女士 占 疾病									
得卦:	雷山小過 (兌7)									
卦身:	卯				旬空:		戌、亥			

卦爻	六獸	六親	卦象	飛神		伏神			變卦	後六親
上爻	蛇	父	\\	戌	空					
五爻	勾	兄	\\	申						
四爻	朱	官	\	午		亥	子	空		
			世							
三爻	龍	兄	\	申						
二爻	玄	官	\\	午		卯	財	身		
初爻	白	父	\\	辰						
			應							

分析及推斷：

1》問疾病，官爻是用神。世坐官爻，必然患病。究竟患什麼病？
   正是我們追尋的路向。世在四爻，四爻是腹、肚、腸等位置；
   持午火朱雀官爻，午火為心，引伸為血疾、發炎；朱雀本質
   也屬火，有快速、向上的意象。如果這是心臟疾病，卦中便
   不會出現官爻兩現的情況。

2》二爻午火官爻，伏了卦身財爻卯木，卦身是問事主體，所以
   疾病必在肝膽。『伏去生飛為洩氣』，午火發炎，洩卯木氣，
   引伸為肝膽的功能衰退。

3》子爻是藥。世伏子爻，本可尅制官爻，但是子爻旬空，可能
   已到達無藥可醫的地步。

4》應位白虎父爻辰土，值月日扶，呼應子爻落空，此刻鄧女士
   的情況，必然非常危險。能否撐得過去，不但要看她的個人
   意志，還要看看天意！

實況：因為醫療失誤而導致急性肝衰竭，鄧女士需要兩度換肝，
   仍然未脫離危險期。

實例〈7〉

西曆:	2017		年		2	月		23	日
陰曆:	丁	酉	年	壬	寅	月	辛	巳	日
占問:	美香 占 疾病								
得卦:	山澤損 (艮4)								
卦身:	申			旬空:		申、酉			

卦爻	六獸	六親	卦象	飛神		伏神			變卦	後六親
上爻	蛇	官	\	寅						
			應							
五爻	勾	財	\\	子						
四爻	朱	兄	\\	戌						
三爻	龍	兄	\\	丑		申	子	身空		
			世							
二爻	玄	官	\	卯						
初爻	白	父	\	巳						

分析及推斷：

1》世持青龍丑土兄爻，日生月尅，四庫主聚積，兄爻主阻隔，
   青龍為管道，得出一個意象，是管道充滿著聚積物。

2》螣蛇官爻寅木臨應尅世，主疾病來侵，而日辰『巳』火與『寅』
   木成相害，加螣蛇，變為長期疾病困擾。

3》『巳寅』相刑的破壞力不大，所以病患不會構成危險。

4》判靜卦，以伏神和卦身為重。世下伏神申金，落入旬空，丑
   與申，便不能真正地化為長生，聚積物無法排走。申金為腸，
   三爻是股腹位置，推斷是大腸排洩出了問題。

實況：美香患上「大腸易激綜合症」，俗稱「腸敏感」，是指腸
      臟功能紊亂、失調或腸道過敏所引起的症狀統稱。一般情
      況下，患者腹痛、腹脹或腹部不適，通常會在排便後得到
      一定的紓緩。

實例〈8〉

西曆:		2010	年		5	月		21	日
陰曆:	庚	寅	年	辛	巳	月	辛	未	日
占問:	小童 M 占 疾病								
得卦:	山天大畜 (艮3) 化 火澤睽 (艮5)								
卦身:	丑				旬空:	戌、亥			

卦爻	六獸	六親	卦象	飛神		伏神			變卦	後六親	
上爻	蛇	官	\	寅							
五爻	勾	財	\\	子							
			應								
四爻	朱	兄	X	戌	空				酉	子	
三爻	龍	兄	O	辰		申	子		丑	兄	身
二爻	玄	官	\	寅		午	父				
			世								
初爻	白	財	\	子							

分析及推斷：

1》占疾病，以官爻為用神，世持玄武官爻寅木，木為肝，肝主血，血熱，便從皮膚中排出毒素；玄武主暗晦，二爻主腿，「二爻雙腿患非常」，按卦象，皮膚病的位置，應該在腳內側的不明顯地方。

2》官爻寅木與伏神午火化長生，很明顯，治療皮膚病的時間，十分長久。應子水財爻生世官爻，病情較難控制。

3》三爻、四爻為背腹部位，辰土、戌土主脾胃，也主淤塞，三爻化出丑土兄爻，多主脾胃失調。

4》本卦子爻潛伏，未能尅制官爻，幸好，四爻化出酉金子爻，有助尅制病情，不過，回頭成酉戌穿，治療支出亦不少。

5》綜合而言，小童 M 腳上皮膚病，可能由脾胃失調引致的。

建議：控制飲食。

回覆：小童 M 自上中學後，愛吃油炸食物，令脾胃失調，肚子常常出現攪痛，久而久之，大腿內則，皮膚出現紅塊，屢醫未癒。

實例〈9〉

西曆:		2016	年		11	月		1	日
陰曆:	丙	申	年	己	亥	月	丁	亥	日
占問:	Jessica 占 疾病								
得卦:	水雷屯 (坎3)								
卦身:	未			旬空:	午、未				

卦爻	六獸	六親	卦象	飛神		伏神			變卦	後六親
上爻	龍	兄	\\	子						
五爻	玄	官	\	戌						
			應							
四爻	白	父	\\	申						
三爻	蛇	官	\\	辰		午	財	空		
二爻	勾	子	\\	寅						
			世							
初爻	朱	兄	\	子						

分析及推斷：

1》這支卦卦身不上，疾病無明顯方向。世坐二爻，持勾陳寅木子爻，
  日月生合，合而化木，強木尅應土，表示 Jessica 有很強的治療
  意欲。

2》玄武官爻戌土在應，玄武主暗晦；官爻主疾病；戌土為聚積物、
  腫瘤。「五爻腎臟多氣脹」，表示有聚積物在某臟腑內。

3》追查部位，可考慮治療方向。寅木子爻，寅木為肝膽，子爻
  為治療。為什麼要治療？按靜卦原則，伏神為重，『午』火
  為發炎。

4》推斷是肝膽發炎，而且有聚積物，腫脹情況。

回覆：Jessica 半夜肚子劇痛，要入院治理，經診治，証實患膽
    囊石，因膽石跌入膽管內，引致膽管發炎。 她接受醫生
    建議，決定把整個膽割除。

實例〈10〉

西曆:		2008	年		4	月		4	日
陰曆:	戊	子	年	乙	卯	月	甲	戌	日
占問:	智希 占 健康								
得卦:	天山遯 (乾3) 化 水火既濟 (坎4)								
卦身:	未			旬空:	申、酉				

卦爻	六獸	六親	卦象	飛神		伏神		變卦	後六親	
上爻	玄	父	O	戌				子	兄	
五爻	白	兄	\	申	空					
			應							
四爻	蛇	官	O	午				申	父	空
三爻	勾	兄	\	申	空					
二爻	朱	官	\\	午		寅	財			
			世							
初爻	龍	父	X	辰		子	子	卯	子	

分析及推斷：

1》世持朱雀官爻午火，月建卯木生旺，官旺主患病。伏神財爻寅木，
　　屬肝經，也是生病的原神，正好是病的源頭。

2》伏生飛，即由肝經引發引的疾病，初步特徵為失眠。午火為
　　心經，內主心臟，也主頭。因為上爻重動，主頭疾，火旺主
　　狂燥，持朱雀則胡言亂語。按卦象，智希經常失眠，脾氣暴燥，
　　不時胡言亂語，尤其是在春季，病情較為嚴重。

3》四爻午火發動，螣蛇官爻主心悸，化出申金父爻，困擾揮之不
　　去。原局子爻伏在父爻之下，表示治療未見成效。化出子爻卯木，
　　回頭生旺世午火官爻，雖然得藥治療，服後反令病情加重。

4》這是精神病，要長期治療，不可速癒。因此，應爻白虎兄爻
　　申金落空，踏入寅月和申月，就會沖實或填實，會因治療而
　　增加支出。

建議：凡肝經、心經引發之病，可考慮看中醫，以中藥調理較好。
　　　如果可加點帶氧運動，效果更理想。

回覆：智希朋友回覆，近兩年她精神出了問題，時笑時哭，有時
　　　說見到神佛，家人懷疑她撞邪，陪她去看醫生，被診斷為
　　　精神病。

【十二】肺經疾病

中醫與西醫看肺的角度,並不完全一致。西醫認為,肺的功能,主要負責體內氣體交換,而中醫立論,層面較闊,『肺』除了是呼吸功能外,也是跟水液代謝、血液循環、免疫系統等,有著密切的關係。

中醫醫理中,肺可分為『肺主氣』與『肺主宣降』兩部分。中醫所講的『肺主氣』,是指每個人的呼吸管理活動。吸氣時,吸入自然界的清氣,往下輸送,與體內他氣結合;呼氣時,將體內濁氣,往外排出。當呼吸正常,氣道暢順,身體自然健康;若肺功能失調,影響氣之生成,引致氣虛體弱。

中醫談的『肺主宣降』。 宣是宣發,是發散的意思,除了排出濁氣,亦可將津液散布全身,此外,還可透過汗液的分泌調節,將衛氣宣發至體表 (皮毛);降即肅降,是指肺氣向下,保持呼吸道潔淨及暢通。肺之宣降運作,對人體的健康,非常重要。若失宣降,便會出現咳嗽、喘促、胸悶及自汗等病徵。

中醫又認為,鼻是肺之竅,進出門戶,亦為身體內氣出入的通道。若肺失調,鼻受影響,出現各種不同的狀況。假如肺氣不利,會鼻塞流涕、嗅覺不靈、打噴嚏等;另一方面,喉與聲帶也跟肺互相連繫,若肺虛,亦會引起聲音嘶啞、失音等症狀。

　　自幼體弱多病，偶爾翻閱相關資料，追尋病因。所謂久病成醫，本人對中醫的醫理，五行患病特徵，算是略知皮毛，不過，如讀者發現本書文字，有偏離中醫理論的正軌，請多加指正，避免後學為我所誤。

　　『肺經』是手太陰肺經的簡稱，是十二經脈之一。其循行路線，大致如下：

肺經起於身體的中部，

繼向下走，跟大腸相會，回轉向上，

經過橫隔膜及肺，與肺相接，

經脈從腋下分出，向下游走，沿著臂側，

經過肘窩，及至腕部，

在腕動脈血管之上，繼續行走，達手拇指分出。

另一支脈則從腕後分出，

並於食指尖，與大腸經相接。

〔手太陰肺經〕

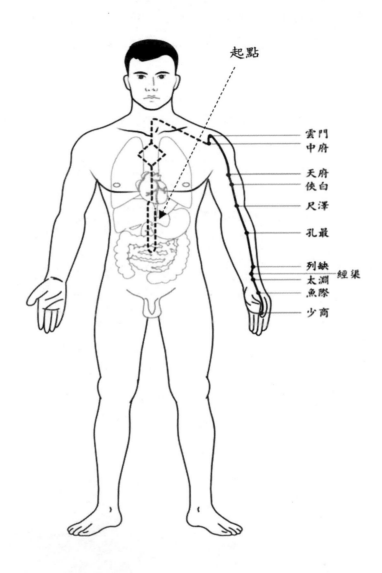

學中醫的朋友，應懂五行，知道秋屬金，位在西，西為白虎，故有「秋老虎」的稱謂。所以，值金的五行，性帶剛、情帶烈，象肅殺。金秋主肺，故此，其所治者，實為「喘咳寒熱」。

《難經集注》云：「肺為病，得寒則咳，得熱則喘，今邪在金，金必刑木，肝在志為怒，怒則氣逆乘肺，故喘」。

從上述資料顯示，「肺」之五行實屬金。當我們運用六爻推斷肺經疾患時，必需從屬金的飛神入手，因此，地支「申」與「酉」，便順理成章地成為推斷的爻辰。

尤其是當「申」或「酉」配合官爻，進入了用事位，其疾患的克應，相當強烈。輕者，只是傷風流涕；重者，可能肺炎肺癌。無論怎樣，當事人的病情，究竟是孰輕孰重，還須要作全盤觀察。

若官爻屬金，得日月生扶拱合，並不是好事，其肅殺之象，尤其嚴重，其病氣游走體內，成何病？患何疾？須細仔推敲。官爻配金，克應在肺，還是在腸，如何下一個判斷？有時真的令卜者傷透惱根！判卦，千萬不可單憑官爻作決定，否則，可能會離題萬丈。斷病卦，除了留意官爻的五行屬性外，還要考慮官爻的爻位，及其他爻辰的落點，才可以準確推算出病起何方，患落何處。讀者要切記。

〔病起何方〕

　　官爻屬金，爻辰必然是「申」或「酉」，金爻疾患，主要分為兩大路向。第一，肺部，主管呼吸系統，克應在肺；第二，大腸，或腸道，主管吸收和排洩，克應在大腸或管道。

金官病訣

金起初二足易傷
三四兩爻腸不良
五爻及胸肺患病
上爻金水思慮長

用神在位多克應
失位用神他爻強
他爻在位還可用
借取五行細推詳

【舉例】- 可能是腸疾患

占問：奀仔 占 健康
得卦：巽為風（巽 1）

卦爻	六親	卦象	飛神	伏神	變卦/後六親
上爻	兄	I	卯		
		世			
五爻	子	I	巳身		
四爻	財	II	未		
三爻	官	I	酉		
		應			
二爻	父	I	亥		
初爻	財	II	丑		

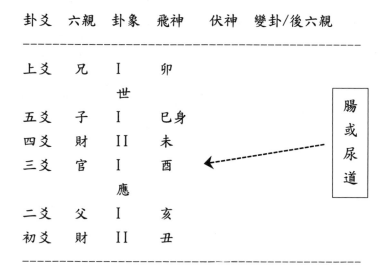

腸或尿道

分析：官爻酉金在三爻，要注意腸或尿道這方面病患。

【舉例】－ 可能是肺病

占問：鄧波 占 疾病
得卦：雷水解（震3）

卦爻	六親	卦象	飛神	伏神	變卦/後六親

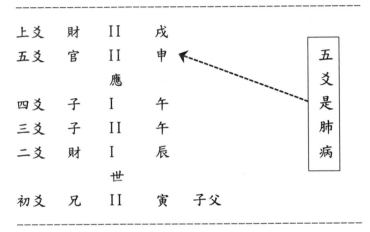

上爻	財	II	戌		
五爻	官	II	申		
		應			
四爻	子	I	午		
三爻	子	II	午		
二爻	財	I	辰		
		世			
初爻	兄	II	寅	子父	

五爻是肺病

分析：官爻申金在五爻，正是胸肺位置，注意肺部隱疾。

五行屬金

八卦 － 乾、兌
地支 － 申、酉
器官 －「肺」與「腸」

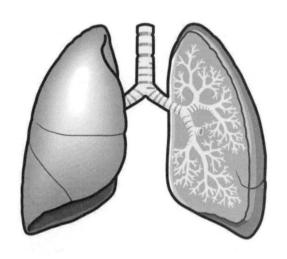

　　所以《卜筮元龜》中，有『四爻必腹及肚腸』和『五爻腎臟多氣脹』兩句，值得我們去細仔玩味及思考。多提一句，因爻得六位，有時官爻落位，會有一爻半爻之差。

肺經實例

實例〈11〉

西曆:	2013		年		8	月		2	日
陰曆:	癸	巳	年	己	未	月	庚	子	日
占問:	張小姐占疾病								
得卦:	天地否 (乾4)								
卦身:	申			旬空:		辰、巳			

卦爻	六獸	六親	卦象	飛神		伏神		變卦	後六親
上爻	蛇	父	\	戌					
			應						
五爻	勾	兄	\	申	身				
四爻	朱	官	\	午					
三爻	龍	財	\\	卯					
			世						
二爻	玄	官	\\	巳	空				
初爻	白	父	\\	未		子	子		

分析及推斷：

1》世持青龍財爻卯木，卯木受日辰子水所刑（子卯刑），制土的能力大減，身體某個部位，便容易出現閉塞的問題。

2》應持螣蛇父爻戌土，戌土又被月建未土所刑（戌未刑），土受刑便不能洩火之氣，火氣不能宣洩，便傷金有力。

3》用神官爻夾世，病氣重，日辰子水，更沖動四爻午火，火為炎症，位處四爻，為人體胸以上位置，此刻，卦身起了關鍵性的作用。卦身入五爻，屬面部，包括口、鼻、眼三個部位。

4》卦身持勾陳兄爻申金，申金是呼吸系統，兄爻為阻隔，勾陳屬土，主閉塞。因為午火官被沖動，來尅卦身；若世應合化，卯戌化出的又是火氣，使申金重重受尅，可以推斷，張小姐肺部或鼻內發炎，出現腫脹，令其呼吸不暢。

5》凡有炎症，建議她先以西藥治療，制止病情惡化，後再以中藥調理，方為上策。

實況：陳小姐回覆，她時有頭痛，氣管出現問題，去看醫生，証實患上鼻竇炎。

實例〈12〉

西曆:		2006	年		5	月		14	日	
陰曆:		丙	戌	年	癸	巳	月	癸	卯	日
占問:		袁小朋友占健康								
得卦:		雷水解(震3) 化 雷地豫 (震2)								
卦身:		丑		旬空:		辰、巳				
卦爻	六獸	六親	卦象	飛神		伏神		變卦	後六親	
上爻	白	財	\\	戌						
五爻	蛇	官	\\	申						
			應							
四爻	勾	子	\	午						
三爻	朱	子	\\	午						
二爻	龍	財	O	辰	空			巳	子	空
			世							
初爻	玄	兄	\\	寅		子	父			

分析及推斷：

1》占疾病，以官鬼爻為用神。

2》世持青龍財爻，重動生官，初步推斷，袁小朋友所患的病，與他的生活習慣，有着密切的關係。

3》應爻是卜健康的重要位置，坐著螣蛇官爻申金，可確定他是有病的。

> ➤ 申金是指氣管；
> ➤ 『五爻腎弱多氣脹』，五爻是頸至面部位；
> ➤ 螣蛇主相纏，雖然無生命危險，但卻難於根治。

4》時值夏令，申金失令，世爻動化為巳火子爻，值月日生，而且是自空化空，病雖不太嚴重，但不易根治。推斷他患氣管敏感，或會出現長咳嗽的症狀。

建議：多做運動，增強體格；多打開窗戶，令空氣流通。

實況：袁小朋友是家中獨子，一向甚受家人痛愛，怕他熱，睡不好，冷氣常開。他長期在冷氣下睡眠，令鼻腔干燥而發炎，因鼻水倒流，觸及氣管，引致長期咳嗽。

實例〈13〉

西曆:		2013	年		12	月		9	日
陰曆:		癸	巳	年	甲	子	月	己	酉	日
占問:	曹叔叔占疾病								
得卦:	火風鼎 (離3) 化 巽為風 (巽1)								
卦身:	丑			旬空:		寅、卯			

卦爻	六獸	六親	卦象	飛神		伏神		變卦	後六親
上爻	勾	兄	\	巳					
五爻	朱	子	X	未				巳	子
			應						
四爻	龍	財	O	酉				未	財
三爻	玄	財	\	酉					
二爻	白	官	\	亥					
			世						
初爻	蛇	子	\\	丑	身	卯	父	空	

分析及推斷：

1》世持白虎官爻亥水，月扶日生，病情較嚴重。官在二爻持白虎，白虎主急，二爻主足患，而亥水有流動意象，可能是足部出現痠疼問題。

2》四爻酉財化未財，回頭生酉金，病情持續。財爻是官爻原神，酉金是氣管，四爻恰值氣管位置，重動，正是胸肺科問題，多屬呼吸不順、氣管敏感、咳嗽等病患。未財回頭沖卦身丑土子爻，病情轉壞，他要立即治療。

3》應位子爻發動剋官，治療有法，不幸地，間爻兩財爻酉金值日通關，變成治療失效。應子化子，巳火沖世官爻，形成水火交煎，治病過程，相當辛苦。至戊午日 ，午火破財爻酉金，截斷通關之路，病情才受控制，藥到而病除。

實況：曹叔叔12月初染病，有少許喉嚨痛及雙足痠疼，去看西醫，被斷為受細菌感染，吃藥後好轉，不過鼻水倒流，引發嚴重咳嗽，整夜無法入睡。其後轉看中醫，判斷是氣管問題，先後服下五劑藥，咳嗽逐步減少。12月14日覆診，醫師對他說，多服三劑藥，便會痊癒。因有老人家入院，需要照顧，14和15兩天，無暇煎藥，所以，在12月18日（戊午日）才服最後一劑藥，此刻的他，病已無大礙了。

實例〈14〉

西曆:		2004		年		4	月		13	日	
陰曆:	甲	申	年	戊	辰	月	壬	戌	日		
占問:	余小姐占健康										
得卦:	天雷无妄 (巽5) 化 澤雷隨 (震8)										
卦身:	卯				旬空:		子、丑				
卦爻	六獸	六親	卦象	飛神		伏神			變卦	後六親	
上爻	白	財	O	戌					未	財	
五爻	蛇	官	\	申							
四爻	勾	子	\	午							
			世								
三爻	朱	財	\\	辰							
二爻	龍	兄	\\	寅							
初爻	玄	父	\	子	空						
			應								

分析及推斷：

1》問健康，世持子爻，能尅制官爻，最為理想。但是，此卦午火子爻失令，制病的力量大減。

2》應是健康情況，父爻子水，本指受病情困擾，現在爻入空亡，則變為過慮，病情並非如余小姐想象般嚴重。

3》官爻申金不入用事位，暗示病不重，臨螣蛇，其病患屬慢性。金為呼吸管道或肺部疾病。

4》全卦一爻發動，重點在此。白虎財化財，戌化未，回頭合世，正是午未相合，合而化火，火是子爻，尅金力量大增，應是氣管方面疾病，由於午未合中帶刑，表徵得藥而癒，但不久又復發，這正是午未合的不良卦意。

5》這類慢性疾病，只要將身體調理得好，加強自身的抵抗能力，自會得到改善或徹底根治。

建議：多做運動。

實況：余小姐氣管弱，或稱氣管過敏，凡轉天氣，總會不斷咳嗽，令她感到困擾。

實例〈15〉

西曆:		2017		年		4	月		7		日
陰曆:	丁		酉	年	甲	辰	月	甲	子		日

占問:	雅慧 占 健康

得卦:	澤天夬 (坤6) 化 風天小畜 (巽2)

卦身:	辰			旬空:		戌、亥	

卦爻	六獸	六親	卦象	飛神		伏神			變卦	後六親	
上爻	玄	兄	X	未					卯	兄	
五爻	白	子	\	酉							
			世								
四爻	蛇	財	O	亥	空				未	財	
三爻	勾	兄	\	辰	身						
二爻	朱	官	\	寅		巳	父				
			應								
初爻	龍	財	\	子							

分析及推斷：

1》世坐五爻，持白虎酉金子爻，月生日洩，子爻尚算有力。

2》五爻是胸部或以上位置；酉金為呼吸系統；子爻是治療；白
虎主急。世爻表達的訊息，雅慧氣管出現問題，她要立即去
看醫生。

3》四爻財爻重動，令病情轉壞，化出未土財爻，回頭生世，她
不怕使多少錢，只要盡快康復便是，這正好呼應兄爻落在卦
身上。

4》上爻發動，兄化兄。兄為風；未化卯，回頭沖向世，風吹病起，
氣管著涼，咳嗽難免。

5》再看看應位，寅巳官父化長生，雖然不是大病，不過病情反覆，
治療時間十分漫長。

回覆：病起初期，咳嗽疏落，雅慧去看西醫，吃藥後，鼻水倒流，
引發嚴重咳嗽，整晚沒法睡眠；情況變差，隨即轉去看中
醫，經過大約一個月的治療，身體才逐漸康復。

實例〈16〉

西曆:	2017	年		2	月		25	日
陰曆:	丁	酉	年	壬	寅	月	癸	未	日

占問:	金女土 占 疾病

得卦:	水風井 (震6) 化 坎為水 (坎1)

卦身:	辰		旬空:	申、酉

卦爻	六獸	六親	卦象	飛神		伏神		變卦	後六親
上爻	白	父	\\	子					
五爻	蛇	財	\	戌					
			世						
四爻	勾	官	\\	申	空	午	子		
三爻	朱	官	O	酉	空			午	財
二爻	龍	父	\	亥		寅	兄		
			應						
初爻	玄	財	\\	丑					

分析及推斷：

1》兩個用神官爻臨間，其中酉金官爻重動，初步推斷，金女
　士的病，不在大腸便在肺部。官化財，酉化午，化出火爻，
　火為炎，可以肯定，她體內正在發炎。本來，官爻午火可回
　頭破酉金官爻，無奈被日辰『未』土來合，合又化火，一方
　面加劇體內炎症，另一方面生旺世之戌土。

2》世在五爻，呼應申酉官爻，必定是肺病。尤於戌土是腫瘤，
　螣蛇為纏繞，她應該患上肺腫瘤或肺癌。

3》所以，應位化長生青龍兄爻，患上不會好轉的重病。

4》治病要看子爻，午火子爻伏在官爻下，無力尅制病毒。按官
　爻佔兩爻的情況推斷，癌細胞已擴散，相信醫生也無能為力！

回覆：金女士胸肺部痛極，入私家醫院檢查，確診為肺癌三期。
　　　由於癌的位置隱蔽，沒法動手術，現在只能長期住院，觀
　　　察病情發展。

實例〈17〉

西曆:		2017	年		4	月		2	日	
陰曆:	丁	酉	年	甲	辰	月	己	未	日	
占問:	凌伯伯占健康									
得卦:	水山蹇 (兌5)									
卦身:	酉			旬空:		子、丑				
卦爻	六獸	六親	卦象	飛神		伏神		變卦	後六親	
上爻	勾	子	\\	子	空					
五爻	朱	父	\	戌						
四爻	龍	兄	\\	申						
			世							
三爻	玄	兄	\	申						
二爻	白	官	\\	午		卯	財			
初爻	蛇	父	\\	辰						
			應							

分析及推斷：

1》 世是凌伯伯，持青龍申金，青龍是管道，申金是呼吸系統，
又落在四爻，極可能是肺部或氣管問題。

2》 應爻辰土值月，生旺世爻，兄爻旺相，反是不妙。

3》 用神白虎官爻午火，被日辰未土來合，化火傷世金，氣管
疾患，越趨嚴重。

4》 更可怕的是，子孫旬空，已到達無法治療的地步。

回覆： 凌伯伯是一位 91 歲的老人家，因肺部問題入院，入院
逾月，目前病情並不樂觀。他除了呼吸困難外，輸血後
身體出現瘀青。 為免他再受苦，家人同意，如病情轉壞，
不用再急救，由得他自然離世。

實例〈18〉

西曆:		2014		年		8	月		6	日
陰曆:	甲	午	年	壬	申	月	己	酉	日	

占問:	李先生占疾病			

得卦:	火雷噬嗑 (巽6) 化 天雷无妄 (巽5)			

卦身:	戌		旬空:	寅、卯	

卦爻	六獸	六親	卦象	飛神	伏神			變卦	後六親
上爻	勾	子	\	巳					
五爻	朱	財	X	未				申	官
			世						
四爻	龍	官	\	酉					
三爻	玄	財	\\	辰					
二爻	白	兄	\\	寅	空				
			應						
初爻	蛇	父	\	子					

分析及推斷：

1》世持朱雀財爻未土，未土是聚積物，朱雀為口，推斷病是由飲食引致的。世化申金，值月日扶，官爻力量大，病情一定嚴重。

2》基本上，申金或酉金，克應在肺腑或大腸。本卦青龍官爻酉金值日，青龍為管道，酉金是大腸，『四爻必腹及肚腸』，可以肯定，病發於大腸。加上世未土發動，推斷是大腸癌的徵兆。

3》應為寅木兄爻，本可制世財爻，卻被世化出的申金官爻沖破，可知此病之霸道。

4》治病要看子爻，子爻落於閒位，又為月建合去，是無藥可醫意象。看到這種卦象，都不知對當事人說什麼才好！

回覆：李先生是筆者的中學同學，98年開始，經常往返內地工作，由於時間緊迫，長期吃快餐食物，肚子慢慢脹起來，初期以為是肚腩。2014年初，他肚子不定時攪痛，便去檢查，証實患大腸癌，患處長達25厘米，手術後九個月，腸癌復發及擴散，不久病逝。

實例〈19〉

西曆:		2014	年		1	月		3	日	
陰曆:		癸	巳	年	乙	丑	月	甲	戌	日
占問:		倩儀占疾病								
得卦:		水山蹇 (兌5) 化 雷山小過 (兌7)								
卦身:		酉			旬空:		申、酉			
卦爻	六獸	六親	卦象	飛神		伏神		變卦	後六親	
上爻	玄	子	\\	子						
五爻	白	父	O	戌				申	兄	空
四爻	蛇	兄	X	申	空			午	官	
			世							
三爻	勾	兄	\	申	空					
二爻	朱	官	\\	午		卯	財			
初爻	龍	父	\\	辰						
			應							

分析及推斷：

1》用神官爻午火，失於時令，僅靠微弱的伏神卯木去生，基本上，
財官兩爻都不當旺，因此，問題應不在心肝兩個部位。

2》五爻白虎父爻動，不是有點兒嚇人嗎？戌土是聚積物、腫脹、
腫瘤、癌等。僥倖的是，戌化申是化退，病毒不能聚積，癌症
的機會不高。病是存在，不過未到危險程度。

3》世在四爻，螣蛇申金兄爻發動。螣蛇主管道；兄爻主阻塞；
申金為氣管，主肺部問題，化午火官爻，午火為發炎。整支
爻顯示的訊息，倩儀的氣管發炎，引致呼吸道上種種問題。

4》再看應，青龍父爻辰土，日月幫扶，必然帶來喜訊。

回覆：醫生安排倩儀照 X-ray, 照片顯示，肺部有黑影，被診斷
為肺水腫，經治療後康復。

實例〈20〉

西曆：		2017	年		4	月		8	日	
陰曆：	丁	酉	年	甲	辰	月	乙	丑	日	
占問：	王伯占健康									
得卦：	震為雷 (震1) 化 天雷无妄 (巽5)									
卦身：	亥			旬空：	戌、亥					

卦爻	六獸	六親	卦象	飛神		伏神			變卦	後六親	
上爻	玄	財	X	戌	空				戌	財	空
			世								
五爻	白	官	X	申					申	官	
四爻	蛇	子	\	午							
三爻	勾	財	\\	辰							
			應								
二爻	朱	兄	\\	寅							
初爻	龍	父	\	子							

分析及推斷：

1》世應辰戌互沖，是為暗動，病來必急。

2》世持玄武財爻戌土，月沖日刑，戌化戌是伏吟，也成自空化空，
不主大病，是消磨的意象。玄武主偷偷地；財爻為食物、病因；
戌土是脾胃、消化系統。財生官，推斷王伯不介口，偷吃難消
化的食物，令脾胃失調，影響氣管。

3》問健康，以官爻為用神。官爻在五爻，訣曰：「五爻腎臟多
氣脹」，正正是氣管部位，又持白虎申金，應是急性氣管問題，
引致咳嗽或流鼻水等病。

4》由於世爻和官爻，兩者都是伏吟，表示病情時好時差，徘徊不去，
相信還要拖上一段時間，才能康復。

回覆：王伯朋友回覆，他已六十多歲，身體還算壯健，唯一缺點，
　　　十分為食，近日他在外偷吃不少肥膩食物，不但消化出了
　　　問題，更引致咳嗽，吃了藥，也沒法斷尾。

【十三】腎經疾病

十二經脈亦稱為十二正經，是人體內的系統主幹，負責臟腑間的聯絡、運輸和傳導等工作。十二經脈的名稱，也是根據臟腑、手足和陰陽來命名的。

中醫看脾腎，有其獨特心得，他們認為腎與脾的關係，尤如先天八卦的乾與坤，處於天地相對位置。故有「腎是先天之本，脾為後天之本」的立論，因此，能令兩者互相配合、互相調和、互相平衡，身體自可運作正常，達至健康境地。

腎主水，水液下行於腎，代謝水份，調節水份、吸收水份，故以腎屬水。腎功能很廣，既是藏精之處，也為納氣之所，亦是骨絡之應。醫書記載，腎的表徵，其華在髮，其竅於耳，這點，可作為爻辰克應的印証。

腎主納氣，其引發的病，包括咳嗽與氣喘；腎是水火之臟，如腎缺乏溫煦和滋養，便會出現水腫、便秘、腹瀉等症狀。此外，腎經行經的部位，如腰部及喉嚨的疼痛，都與腎有關。

　　腎主宰恐懼與驚燥，過分恐懼會傷腎，容易出現失禁情況；倘若腎功能出了問題，人會失去食慾，容顏憔悴，甚至面色黝黑而雙眼無神。

腎經行止路線：

腎經起行於足小趾之下，斜走足心（湧泉穴）及腳內側，繞過內踝（內腳眼），沿小腿及大腿內側，上行至脊骨底部，進入體內，與腎聯繫，出盆骨位，再沿腹部上行至胸上方（內鎖骨處），另一支脈則在體內從腎上行至肝、橫膈膜、肺、喉嚨直至舌根部。

〔足少陰腎經圖〕

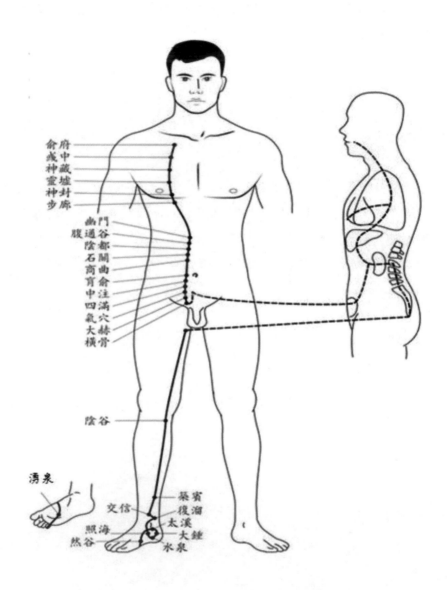

腎配五行

　　腎主水，以五行屬水的飛神配之，因此，亥與子便成為克應的爻辰。一般而言，官爻持亥水或子水，是與腎臟有關的疾患。

　　從人體的部位推敲，三爻正是泌尿系統及生殖器官的位置，若此爻持上亥子兩水，所患之病，多屬這兩方面的問題。

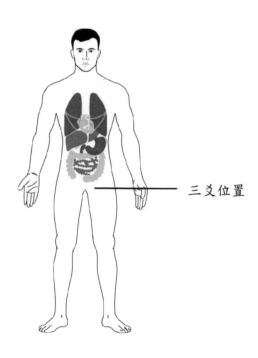

三爻位置

【舉例】－ 疾患

占問：HENRY 占 健康

得卦：離為火（ 離 1 ）

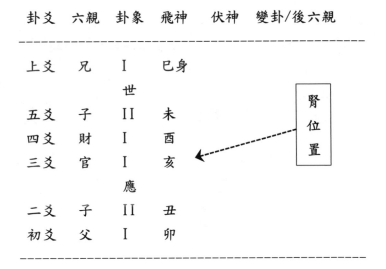

卦爻	六親	卦象	飛神	伏神	變卦/後六親
上爻	兄	I	巳身		
		世			
五爻	子	II	未		
四爻	財	I	酉		
三爻	官	I	亥		
		應			
二爻	子	II	丑		
初爻	父	I	卯		

腎位置

分析：官爻亥水在三爻，是腎位置，其疾患涉及泌尿科或生
殖器官。

【舉例】- 腎病舊患

占問：明明 占 健康
得卦：天水訟（ 離 7 ）

卦爻	六親	卦象	飛神	伏神	變卦/後六親
上爻	子	I	戌		
五爻	財	I	申		
四爻	兄	I	午		
		世			
三爻	兄	II	午	亥官	
二爻	子	I	辰		
初爻	父	II	寅		
		應			

腎位置

分析：三爻位置的官爻亥水，以伏神角色存在，推斷是腎病
　　　舊患，或是腎病隱疾。

193

《卜筮元龜》病訣中，有一句「五爻腎臟多氣脹」，當中含意，值得我們仔細玩味。其實這句訣，重點在肺而不在腎。當申金或酉金受尅時，直接造成肺部疾病；同時，金受尅便無法生水，水不繼而腎弱，腎病亦隨之而生。這就是此句訣真正想表達出來的意思。

因此，五爻非腎病的焦點，反而是肺部的落位。若按人體爻位之劃分，五爻正是肺部，彼此互相配合，克應亦在此矣！

如讀者回心想想，腎病位置，不應是五爻，取三爻定位，豈不是更合情合理嗎？

腎經實例

實例〈21〉

西曆:		2016	年		4	月		1	日	
陰曆:	丙	申	年	辛	卯	月	癸	丑	日	
占問:	余小姐占疾病									
得卦:	天火同人 (離8) 化 天風姤 (乾2)									
卦身:	寅			旬空:		寅、卯				
卦爻	六獸	六親	卦象	飛神		伏神		變卦	後六親	
上爻	白	子	＼	戌						
			應							
五爻	蛇	財	＼	申						
四爻	勾	兄	＼	午						
三爻	朱	官	＼	亥						
			世							
二爻	龍	子	X	丑				亥	子	
初爻	玄	父	O	卯	空			丑	父	

196

分析及推斷：

1》世持朱雀亥水官爻，且在三爻位置，病應與泌尿系統有關。

2》遇上應位子爻來剋，子爻剋官爻，本屬好事，無奈子爻戌土，卻被月建卯木合去，化火為兄爻，火為炎症；兄爻主阻隔，暗示治療受阻。

3》二爻子化子，丑化亥，是化退，治療並不理想。更糟的是，化出的亥水，與世成『亥亥自刑』，治療未能根治，可能跟她的飲食或生活習性有關。

4》按卦象，是尿道發炎的病症。

實況：余小姐有尿瀕，小便痛，去看醫生，被診斷為尿道發炎。

實例〈22〉

西曆:		2014		年		4	月		16	日	
陰曆:	甲	午	年	戊	辰	月	丁	巳	日		
占問:	Connie 占健康										
得卦:	火山旅 (離2)										
卦身:	午			旬空:		子、丑					
卦爻	六獸	六親	卦象	飛神		伏神			變卦	後六親	
上爻	龍	兄	\	巳							
五爻	玄	子	\\	未							
四爻	白	財	\	酉							
			應								
三爻	蛇	財	\	申		亥	官				
二爻	勾	兄	\\	午	身						
初爻	朱	子	\\	辰		卯	父				
			世								

分析及推斷：

1》世在初爻，Connie 心理質數低；問健康，持辰土子爻，她害怕
患上腫瘤，需要長期治療，因此，世伏著個卯木父爻，木尅土，
伏尅飛，她心中困擾，無法擺脫。

2》世應辰酉相合，化作金，金本可生亥水官爻，由於合著，只
有其象，沒有力量，一切都在不動之中。

3》用神官爻，伏在三爻下，持亥水，病與腎有關，飛神申金跟
日辰巳火合化，化出是水，正好呼應「亥水官爻」，不過，
巳申為合刑，刑有停頓、不暢的意象。

4》再看卦身，勾陳兄爻，兄為阻隔，是為窒礙。

5》綜合而言，腎功能不順，排尿有窒礙。

實況：Connie 年過五十，身體狀況有變，常常有小便不清的情況。

實例〈23〉

西曆:		2017	年		1	月		18	日
陰曆:	丙	申	年	辛	丑	月	乙	巳	日
占問:	陳女士 占 健康								
得卦:	山地剝 (乾6) 化 火地晉 (乾7)								
卦身:	戌			旬空:	寅、卯				

卦爻	六獸	六親	卦象	飛神		伏神			變卦	後六親
上爻	玄	財	\	寅	空					
五爻	白	子	\\	子		申	兄			
			世							
四爻	蛇	父	X	戌	身				酉	兄
三爻	勾	財	\\	卯	空					
二爻	朱	官	\\	巳						
			應							
初爻	龍	父	\\	未						

分析及推斷：

1》 應持朱雀官爻，巳火值日，病情正重。火是心，心在五爻，
　　 五爻是世，持子水子爻，可尅制官爻，心臟疾患，機會不高。

2》 『火』另一解釋是炎症，這裡暗示，某部位或某腑臟正在發炎。

3》 此卦一爻發動，關鍵所在，化出酉金，與應巳、月丑，成『巳
　　 酉丑』金局，金生世水；五爻為面，白虎在西，為兌卦，主口，
　　 引伸口腔或口水有問題。

4》 口水有問題，加上午火為炎症，推斷是口腔或口水腺發炎。

實況：陳女士回覆，近日牙肉發痛，吃不到食物，去看醫生，證
　　　 實患的是口水腺發炎。醫生說：「只要戒口，吃藥數天，
　　　 便可痊癒。」

實例〈24〉

西曆:		2017	年		6	月		29	日
陰曆:		丁	酉	年	丁	未	月	丁	亥	日

占問:	陳婆婆 占 健康

得卦:	坤為地 (坤1) 化 山地剝 (乾6)

卦身:	亥		旬空:	午、未	

卦爻	六獸	六親	卦象	飛神		伏神			變卦	後六親
上爻	龍	子	X	酉					寅	財
			世							
五爻	玄	財	\\	亥	身					
四爻	白	兄	\\	丑						
三爻	蛇	官	\\	卯						
			應							
二爻	勾	父	\\	巳						
初爻	朱	兄	\\	未	空					

分析及推斷：

1》占健康，以官爻為用神。世應卯酉暗動，健康必然反覆多變。

2》官爻坐三爻，持螣蛇卯木，可劃分為不同的疾病：

● 三爻是腰椎位置，卯木不直，可能有脊椎彎曲的情況。

● 官爻卯木，跟日月成「亥卯未」三合木局。木為肝經，合化木旺，肝旺為血疾，可引伸為皮膚病患。

● 肝為精神系統，世在上爻，為頭部，發動，酉化寅，是化退，寅木同樣主精神，推斷她患上腦退化。

3》卦身臨玄武財爻，亥水值日，亥水主泌尿科；財爻是官爻原神；玄武主內，居北方，也主水，按卦身意象，她亦患有嚴重的泌尿疾病。

4》所有疾病，都是老人退化的病徵。

實況：陳婆婆孫兒回覆，她已83歲，兩年前進了老人院，上月身體轉差，令他們擔憂。她患有腦退化、失禁、腳趾灰甲及脊椎僵硬彎曲等症。

實例〈25〉

西曆:		2017	年		3	月		30	日	
陰曆:		丁	酉	年	甲	辰	月	丙	辰	日
占問:		陳先生占疾病								
得卦:		風天小畜 (巽2)								
卦身:		子			旬空:		子、丑			
卦爻	六獸	六親	卦象	飛神		伏神		變卦	後六親	
上爻	龍	兄	\	卯						
五爻	玄	子	\	巳						
四爻	白	財	\\	未						
			應							
三爻	蛇	財	\	辰		酉	官			
二爻	勾	兄	\	寅						
初爻	朱	父	\	子	身空					
			世							

分析及推斷：

1》用神官爻，與財爻成辰酉相合結構，伏神主舊患，或未知疾病。

2》『官』臨三爻，持螣蛇，酉金屬四桃花，可反射在生殖器官上。

3》世應成子未害，陳先生擔心自己不幸遇上頑族，要支出龐大的治療費用。幸好子水旬空，又失於時令，更受日月尅害，子水臨絕無力，令「子未」無法成局，一切只虛有其象吧了。

4》無論如何，應位未土財爻力重，更持白虎，主閉塞或腫脹；白虎主快。推斷陳先生曾患上尿道或生殖器官閉塞或腫脹的疾病。

實況：陳先生數年前患上前列腺脹大，經治療後已康復。

實例〈26〉

西曆:		2012	年		8	月		5	日
陰曆:	壬	辰	年	丁	未	月	戊	戌	日
占問:	劉女士占疾病								
得卦:	地山謙 (兌6) 化 坤為地 (坤1)								
卦身:	戌			旬空:	辰、巳				

卦爻	六獸	六親	卦象	飛神		伏神		變卦	後六親
上爻	朱	兄	\\	酉					
五爻	龍	子	\\	亥					
			世						
四爻	玄	父	\\	丑					
三爻	白	兄	O	申				卯	官
二爻	蛇	官	\\	午		卯	財		
			應						
初爻	勾	父	\\	辰	空				

分析及推斷：

1》我們斷卦，要懂得變通，才可推斷準確。此卦世持青龍子爻，
子爻是治療，亥水為腎經，要治好腎經，才能尅制午火疾患。
看子爻亥水受年月日三土所尅，已去到藥物無用，治療無效
的地步。

2》訣有『五爻腎臟多氣脹』一句，可以肯定，腎臟出了事，引
發其它疾病。

3》應持螣蛇午火，螣蛇是延續，午火主心臟，也主炎症。午火
得伏神財爻所生，又得三爻卯木與日辰戌土，合化成火，助
旺官爻，又反尅世爻，病情當然不輕。

4》三爻白虎兄動主破壞，化卯木官爻為泌尿科病，其病多與生
殖器官或排洩系統有關。若問病情發展，應屬長期病患，判
斷劉女士因腎發炎，導致泌尿疾患，需要長期被照顧。

實況：劉女士患上腎病，需要長期洗腎。

實例〈27〉

西曆:		2014		年		6	月		6	日	
陰曆:	甲	午	年	庚	午	月	戊	申	日		
占問:	梁婆婆占疾病										
得卦:	風天小畜 (巽2) 化 水天需 (坤7)										
卦身:	子				旬空:	寅、卯					

卦爻	六獸	六親	卦象	飛神		伏神			變卦	後六親	
上爻	朱	兄	O	卯	空				子	財	身
五爻	龍	子	\	巳							
四爻	玄	財	\\	未							
			應								
三爻	白	財	\	辰		酉	官				
二爻	蛇	兄	\	寅	空						
初爻	勾	父	\	子	身						
			世								

分析及推斷：

1》世應成子未害，占疾病，梁婆婆的病患，不容易治療。世持
　子水父爻臨卦身，受日辰申金所生，她擔心的事，正是泌尿
　系統方面。

2》應財爻未土，被月建午所合，午未化火，助旺子爻，她積極
　治療，圖望回復健康。

3》三爻財官兩爻，成辰酉相合，更持白虎，酉金是四桃花，可
　引伸為婦科病或泌尿疾患。

4》此卦只得上爻發動，卯化子，是四桃花動化；子卯相刑，有
　停頓意象，又是卦身所在，逞現排尿不暢順的意象。

5》按卦象，此病沒有生命危險，但治療比較漫長。

實況：開卦時，梁婆婆已80歲，近期身體急轉差，時有排尿不
　　　出的情況。

實例〈28〉

西曆:		2011		年		6	月		19		日
陰曆:		辛	卯	年	甲	午	月	乙	巳		日
占問:		袁伯伯占疾病									
得卦:		雷風恆 (震4) 化 地風升(震5)									
卦身:		寅			旬空:		寅、卯				

卦爻	六獸	六親	卦象	飛神		伏神			變卦	後六親
上爻	玄	財	\\	戌						
			應							
五爻	白	官	\\	申						
四爻	蛇	子	O	午					丑	財
三爻	勾	官	\	酉						
			世							
二爻	朱	父	\	亥		寅	兄	身空		
初爻	龍	財	\\	丑						

分析及推斷：

1》世應兩位相對，成『酉戌穿』暗損，病患不易根治。

2》世在三爻，病在腰下位置。持勾陳官爻酉金，勾陳帶土性，主聚積或腫脹；酉金為四桃花，引伸為泌尿系統或生殖器官。

3》四爻螣蛇子爻動，午火來尅世官爻，袁伯伯已展開治療。子爻化出丑土財爻，與日辰和世，構成『巳酉丑』三合金局，治療沒有突破性的進展，病情徘徊反覆。

4》所以卦身落入兄爻寅木上，他心底裡，最害怕承擔長期的醫療費用。

5》綜合而言，男士的泌尿系統有腫脹或聚積物，他患上前列腺腫脹或癌的機會很大。

實況：袁伯伯女兒確認，她父親患上前列腺癌。

實例〈29〉

西曆:		2004		年		3	月		19	日	
陰曆:	甲	申	年	丁	卯	月	丁	酉	日		
占問:	何婆婆占健康										
得卦:	澤火革 (坎5) 化 火地晉 (乾7)										
卦身:	卯				旬空:		辰、巳				
卦爻	六獸	六親	卦象	飛神		伏神			變卦	後六親	
上爻	龍	官	X	未					巳	官	空
五爻	玄	父	O	酉					未	父	
四爻	白	兄	\	亥							
			世								
三爻	蛇	兄	O	亥		午	財		卯	財	身
二爻	勾	官	\\	丑							
初爻	朱	子	O	卯	身				未	父	
			應								

分析及推斷：

1》世持白虎亥水兄爻，得日辰酉金生，白虎崩壞性質，容易令泌尿系統失去功能　。

2》應爻卯木發動，由於四桃花可引伸為泌尿系統或生殖器官，這不是呼應世爻的亥水嗎？

3》三爻螣蛇亥水兄爻發動，再多一次將世應的意象緊扣。可以肯定，其問題在泌尿方面。

4》這支卦，本卦與化爻，共有三個『亥卯未』合局，但是，全都被日辰酉金沖破。酉沖卯，卯入肝經，亦主神經系統，卦中上爻未化巳是化退。

5》何婆婆除了泌尿問題外，應該還有腦退化的跡象。

實況：何婆婆年越七十五，她已有滲尿情況，近期更被醫生確診，患上初期腦退化。

實例〈30〉

西曆:		2013	年		7	月		2	日
陰曆:	癸	巳	年	戊	午	月	己	巳	日
占問:	陳先生占疾病								
得卦:	水風井 (震6) 化 水地比 (坤8)								
卦身:	辰			旬空:	戌、亥				

卦爻	六獸	六親	卦象	飛神		伏神		變卦	後六親
上爻	勾	父	\\	子					
五爻	朱	財	\	戌	空				
			世						
四爻	龍	官	\\	申		午	子		
三爻	玄	官	O	酉				卯	官
二爻	白	父	O	亥	空	寅	兄	巳	父
			應						
初爻	蛇	財	\\	丑					

分析及推斷：

1》如果是老人家，間爻被三個官爻佔據，病患不止一處，大家
要小心留意。

2》世持朱雀財爻戌土，雖落旬空，因得年月日生旺，其實不空。
財爻是官爻原神，朱雀為口，戌土是脾胃，初步推斷，陳先
生因飲食不當而產生消化系統上的問題。病情的狀況，反映
在應位白虎父爻上，白虎帶凶，白虎父化父，而且成反吟，
病情反覆，無不令他憂心。

3》二爻為足，亥水重動化巳爻，是反吟之局，可以推斷，他曾
經發生扭傷腳、腳骨折或腳部勞損等事。

4》三爻是腰背部位，酉化卯，官化官，又是反吟，須注意泌尿
方面的問題。子爻伏而不出，卦身又不上卦，治療沒有方向，
病情暫時難有改善。

實況：陳先生八十出頭，身體機能衰退，雙足無力，時有跌倒撞
傷。消化力不足，稍吃多一點，感到胃脹不適。尿道更出
現滲漏情況，出外要穿成人尿片。

【十四】心經疾病

「五行」是中國古代流傳下來的瑰寶。五行學說中，認為宇宙萬物，皆由木火土金水五種基本原素所構成，它們的運行和變化，都有一定的軌跡依循。

現取四季轉動的變化為例。一年四季，春夏秋冬，轉換有序，年復往返，而每季所持的五行，則各自不同。

春屬木，春木發芽，主生。
夏屬火，夏火炎炎，主長。
秋屬金，秋金肅殺，宜收。
冬屬水，冬水冰寒，宜藏。

中屬土，土藏四季之氣。辰土藏木氣；未土藏火氣；戌土藏金氣；丑土藏水氣。

若將五行的概念延伸，便可以得出更清晰的畫面。

> 凡具有生長、升發、條達、舒暢性質的事物，可歸納屬木；
>
> 凡具有溫熱、升騰性質的事物，可歸納屬火；
>
> 凡具有承載、生化、受納性質的事物，可歸納屬土；
>
> 凡具有肅降、收斂性質的事物，可歸納屬金；
>
> 凡具有寒涼、滋潤、向下運行性質的事物，可歸納屬水。

以上舉例，希望讀者能貫通五行概念。五行既可以用於哲學，也可以用於醫理。中醫將腑藏配與不同五行，論其生尅，斷其疾患，找出患病源頭。中醫的觀點與角度，跟傳統的陰陽理論，如出一轍。火為陽熱之象，有上炎之性，而心為陽臟，主動，帶溫，故將心的五行，定性為火。

心屬火，火主血脈，而血脈包括「主血」和「主脈」兩方面。心的功能，主要用作是推動『血液』在『脈管』內的運行，簡稱為「血脈」。血脈一詞，其實涉及心、血、脈三個概念。

心是五臟之一，稱為心臟。心臟跳動，血液便可在人體內流動；脈是脈道，血液運行的通道，故又稱為血府。在結構上，心、血、脈三者，構成一個完整的系統，推動血液在脈道中循環運行，鞏固人體。

心除了主宰人體生命的活動，也主宰精神、意識、思維等活動功能。

《靈樞・邪客》中，提到心臟，有以下表述：「心者，五臟六腑之大主也，精神之所舍也，其臟堅固，邪弗能容也；容之則心傷，心傷則神去，神去則死矣。故諸邪之在於心者，皆在於心之包絡。」

文中所說，心是精神寄居之所，心健則神氣充足，若心被寒邪或風邪所侵，令心氣渙散，生命亦活得不久！

實際上，心有別絡，與舌聯繫，所以心開竅於舌。《靈樞・脈度》所述的「心氣通於舌，心和則舌能知五味」，正好指出心與舌的關係，因此，心的病變，皆可從舌上反映出來。如心陰虛或心火旺，舌質見紅或舌身糜爛；心陽虛或心血不足，舌質轉淡或舌現晦暗；心血瘀，舌質紫暗或舌現瘀點；痰迷心竅或熱入心包，舌雖強卻語蹇等情況。由此可知，舌的色澤、味覺、運動、語言，皆與心息息相關。

手少陰心經路線圖

1. 起於心中，出屬心系

2. 膈，絡小腸

3. 其支者，從心系

4. 上挾咽

5. 繫目系

6. 直者，復從心系上肺，下出腋下

7. 下循臑內後廉，循太陰，心主之後

8. 下肘內，循臂內後廉

9. 抵掌後銳骨之端

10. 入掌內後廉

11. 循小指之內，出其端

〔手少陰心經圖〕

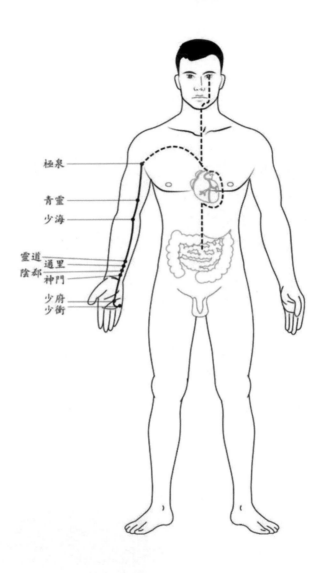

極泉

青靈

少海

靈道　通里
陰郄　神門

　　　少府
　　　少衝

心經屬火

從中醫學理，人體臟腑，各有五行分配。五臟中，肝屬木、心屬火、脾屬土、肺屬金、腎屬水；六腑中，膽屬木、胃屬土、小腸屬火、大腸屬金、膀胱屬水、三焦相火。而運用易卦斷病，基本上跟中醫的學理，不謀而合。六爻推演，也是用上五行的生剋概念，找出疾病的源頭，定出患病的方向。因此，占病時，飛神的五行屬性，正是斷病的理據，當中，尤以官爻和財爻的五行，所起的作用最大。

財爻是原神，是疾患源頭；官爻是用神，是疾患所在。所以，只要我們按著財爻和官爻的五行屬性，順藤摸瓜，自可推敲問事人的患病情況。

心在五行中屬火，當用事爻遇上了「巳」或「午」兩個屬火的飛神時，便要加倍留意，當事人可能患上跟心經有關的疾病，如心臟病、心瓣倒流等；火又屬炎症，當爻位不對，財爻、官爻或子爻碰上屬火的爻辰，許多時候，是內臟發炎，或由炎症引起的疾病，事實上，患炎症比患心臟病的比例多出許多倍，大家要小心去區別病患所屬。

用卦要靈活，占疾病，古時重官爻，認定其五行所屬，即其病所歸，因此，偶爾聽到一些民間歌謠，雖然它的醫學價值不高，卻可令平民有一點臟腑跟五行的常識。這首歌謠，已忘記其出處，寫出來，只是給大家看看而已。

腎水肝木心火起，

脾土肺金五行隨，

官到爻位應知病，

郎中脈証便非虛。

　　其實，傳統判病原則，採用官爻五行來定病性，但出現時準時不準的情況，因此，個人認為，我們沒必要死守這條界線。憑本人一些淺薄經驗，用事爻位（世、應、卦身、動爻）的五行，不論持那一個六親，都有可能跟疾病有關，大家在判卦時，務必留意！

【舉例】－ 官爻臨二爻

占問：嘉雯 占 健康
得卦：山地剝（乾6）

卦爻	六親	卦象	飛神	伏神	變卦/後六親
上爻	財	I	寅		
五爻	子	II	子	申兄	
		世			
四爻	父	II	戌身		
三爻	財	II	卯		
二爻	官	II	巳		
		應			
初爻	父	II	未		

```
┌──────┐
│ 腳   │
│ 位   │
│ 置   │
└──────┘
```
（箭頭指向二爻 巳）

分析：二爻是腳，巳火官爻入位，而卦身在戌土上，患上心
　　　臟病的機會不大，可能是足部因發炎而腫脹。

【舉例】－ 官爻臨四爻

占問：永發 占 健康
得卦：雷山小過（兌7）

卦爻　六親　卦象　飛神　伏神　變卦/後六親

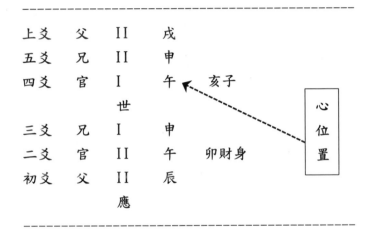

上爻	父	II	戌		
五爻	兄	II	申		
四爻	官	I	午		亥子
		世			
三爻	兄	I	申		
二爻	官	II	午	卯財身	
初爻	父	II	辰		
		應			

心位置

分析：四爻是心肺位置，坐世位，當事人要注意，有可能是
　　　患上心臟病。

【舉例】－ 卦身臨五爻

占問：麗賢 占 健康
得卦：巽為風（ 巽１ ）化 風水渙（ 離６ ）

卦爻	六親	卦象	飛神	伏神	變卦/後六親
上爻	兄	I 世	卯		
五爻	子	I	巳 身	←	
四爻	財	II	未		
三爻	官	0 應	酉		午兄
二爻	父	I	亥		
初爻	財	II	丑		

心位置

分析：『五爻腎臟多氣脹』泛指腎、肺、心三臟。子爻巳火
　　　持卦身，病與心有關。

心經實例

實例〈31〉

西曆:		2016	年		11	月		14	日
陰曆:	丙	申	年	己	亥	月	庚	子	日
占問:	Jessica 占 疾病 (昏迷)								
得卦:	澤地萃 (兌3) 化 天地否 (乾4)								
卦身:	未			旬空:	辰、巳				

卦爻	六獸	六親	卦象	飛神		伏神		變卦	後六親	
上爻	蛇	父	X	未	身			戌	父	
五爻	勾	兄	\	酉						
			應							
四爻	朱	子	\	亥						
三爻	龍	財	\\	卯						
二爻	玄	官	\\	巳	空					
			世							
初爻	白	父	\\	未	身					

分析及推斷：

1》世持玄武官爻巳火，失於時令，但上爻發動，順生至世，使官爻得力。月建亥水來沖，沖起官爻，疾病立至。官爻旬空，表示病來無方；巳屬火，主心臟也主炎症，因官爻坐二爻，推斷是炎症居多。

2》應在五爻，勾陳酉金，呼吸系統，必生問題。上爻發動，病患在頭，螣蛇轉動，更成未戌相刑不動局面，故有沉睡的意象。

3》如果是在昏迷狀態，11 月 15 日（辛丑日），與上爻戌未成「丑戌未」三刑，爻辰瓦解，便有機會是醒來。

4》問病，卦身兩現，找不出治療方向，而初爻卦身，更落在白虎父爻上，病情定有凶險。

實況：Jessica 當空姐，上月工作回港，突然昏迷，入院二十多天還未甦醒，醫生診斷為細菌感染。占問第二天，她醒來，有意識，但不能動，亦不能自己呼吸。醫院怕她受感染，將她留在深切治療房。其後更發現，她失去近年部分記憶。

實例〈32〉

西曆：		2013		年		3	月		17	日	
陰曆：		癸	巳	年	乙	卯	月	壬	午	日	
占問：		余女土占疾病									
得卦：		巽為風 (巽1) 化 水澤節 (坎2)									
卦身：		巳				旬空：		申、酉			
卦爻	六獸	六親	卦象	飛神		伏神			變卦	後六親	
上爻	白	兄	O	卯					子	兄	
			世								
五爻	蛇	子	\	巳	身						
四爻	勾	財	\\	未							
三爻	朱	官	O	酉	空				丑	官	
			應								
二爻	龍	父	\	亥							
初爻	玄	財	X	丑					巳	財	身

分析及推斷：

1》世應六沖，健康已出現問題，官爻沖世，再化官，正是自官
化官，病變不一的狀態。朱雀官爻酉金，酉金是大腸，化丑
土，可能大腸有腫瘤，或脾胃不佳，消化不良等情況。因此，
丑官與日辰成「丑午害」，表示隱憂暗藏。

2》世白虎兄爻發動，卯木重動化子，陷入子卯互刑，睡眠不佳，
思慮太多。

3》初爻財化財，生旺官爻，可以肯定，她身體狀況，正逐漸變差。

4》卦身在五爻巳火子爻上，五爻是心臟位置，巳火是心，子爻
為治療。既然心需要治療，心一定有事。子爻得月生日扶，
病情不嚴重。建議其家人帶余女士去做全身檢查，並多和她
溝通，令她舒發心中鬱結，相信情況會有改善。

實況：余女士女兒回覆，她長期睡得不好，而且有心律不正的情
況，醫生已開藥給她，病情暫時沒有轉壞。

實例〈33〉

西曆：	2013		年		11	月		10	日	
陰曆：	癸	巳	年	癸	亥	月	庚	辰	日	
占問：	小恩占健康									
得卦：	火山旅 (離2) 化 艮為山 (艮1)									
卦身：	午			旬空：		申、酉				
卦爻	六獸	六親	卦象	飛神		伏神		變卦	後六親	
上爻	蛇	兄	\	巳						
五爻	勾	子	\\	未						
四爻	朱	財	O	酉	空			戌	兄	
			應							
三爻	龍	財	\	申	空	亥	官			
二爻	玄	兄	\\	午	身					
初爻	白	子	\\	辰		卯	父			
			世							

分析及推斷：

1》用神官爻，伏在財爻之下，三爻在腰背上下位置。青龍為管道，財爻申金是腸，官爻亥水主流動，財爻旬空，便無法生旺亥水，令腸道暢通。

2》世坐初爻值日，持白虎辰土子爻，土氣極旺；應財爻酉金化戌土兄爻，成「酉戌穿」，酉金屬大腸；戌土為堆積；兄爻為阻隔，由此推斷，大腸出了問題。應化戌土回頭沖世，病來快且急。

3》大腸加土氣，並非重症，可能是消化不良而已。如果只是腸胃問題，就不用問卦了。所以，卦中必另有玄機。此刻，我們需留意卦身之狀態。

4》卦身在午火，二爻不是心臟位置，則可從炎症方面去推敲，既然應財爻是酉金，『四爻必腹及肚腸』，綜合所有資料，推斷為「腸炎」，並引致消化失衡。

實況：小恩睇醫生後，証實患上腸炎。

實例〈34〉

西曆:		2017		年		4	月		8	日
陰曆:	丁	酉	年	甲	辰	月	乙	丑	日	
占問:	嚴先生占健康									
得卦:	雷山小過 (兌7) 化 雷火豐 (坎6)									
卦身:	卯			旬空:		戌、亥				

卦爻	六獸	六親	卦象	飛神		伏神			變卦	後六親
上爻	玄	父	\\	戌	空					
五爻	白	兄	\\	申						
四爻	蛇	官	\	午		亥	子	空		
			世							
三爻	勾	兄	\	申						
二爻	朱	官	\\	午		卯	財	身		
初爻	龍	父	X	辰					卯	子	身
			應							

分析及推斷：

1》這支卦有兩個官爻，應以世位那個較為吃緊。世持螣蛇午火官爻，螣蛇為幼管道，午為心臟，反映為心臟血管收窄的情況，通稱為「心臟病」。

2》二爻之朱雀午火官爻，可以看成為成病的導引。朱雀為口，午火為心，被伏神財爻卯木生旺，財爻主食物，又是卦身。推斷他因飲食不當而造成這個病患。

3》世下伏著旬空的子爻，表示一般的藥物治療，已失功效，下一步，嚴先生需要考慮做手術這個步驟。

4》初爻是應，青龍父爻是手術成功的克應，不過，化出卯木子爻，卯木回頭生官，表示手術不能徹底解決問題。

實況：嚴先生愛吃燒腩肉，膽固醇一直偏高。丁酉年寅月，他胸口翳悶，檢查結果，心臟有一條血管嚴重閉塞，証實患上冠心病。醫生立即安排他做搭橋手術。

實例〈35〉

西曆:		2017	年		7	月		18	日	
陰曆:	丁	酉	年	丁	未	月	丙	午	日	
占問:	金先生占健康									
得卦:	離為火 (離1)									
卦身:	巳			旬空:		寅、卯				

卦爻	六獸	六親	卦象	飛神		伏神			變卦	後六親
上爻	龍	兄	\	巳	身					
			世							
五爻	玄	子	\\	未						
四爻	白	財	\	酉						
三爻	蛇	官	\	亥						
			應							
二爻	勾	子	\\	丑						
初爻	朱	父	\	卯	空					

分析及推斷：

1》用易卦占病，有時要懂變通。這支卦用神官爻亥水落在三爻，
一般人判斷，都會是腎臟問題。是否這樣？先看亥水失令，
日辰午火反尅，如臨死絕境地，在這種情況下，已病不成病，
無用過度擔心。

2》靜卦看卦身。卦身又落在上爻世位之上，應是重點所在。

3》世坐上爻，持青龍兄爻巳火，上爻是頭部，青龍是管道，巳
火是炎症，兄爻主阻隔，最簡單的推斷，是頭部某條管道，
出現發炎的情況。

4》想知哪條管道？看看日辰午火，想尅破那一個爻。日辰要尅
破四爻的白虎財爻酉金，酉金為氣管，由此引伸，便推斷到
金先生喉嚨部位發炎或腫脹等問題。

實況：金先生持續喉嚨發炎。

實例〈36〉

西曆:		2016	年		9	月		22	日
陰曆:	丙	申	年	丁	酉	月	丁	未	日
占問:	雪兒占健康								
得卦:	巽為風 (巽1) 化 風水渙 (離6)								
卦身:	巳				旬空:	寅、卯			

卦爻	六獸	六親	卦象	飛神		伏神		變卦	後六親
上爻	龍	兄	\	卯	空				
			世						
五爻	玄	子	\	巳	身				
四爻	白	財	\\	未					
三爻	蛇	官	O	酉				午	兄
			應						
二爻	勾	父	\	亥					
初爻	朱	財	\\	丑					

分析及推斷：

1》 這支卦也很特別，世在上爻持青龍兄爻卯木，卯木旬空，卯
　　木為肝經，上爻為頭部，克應不在情緒方面，便在牙齒（牙
　　五行屬木）。

2》 應在三爻，官爻酉金發動，應屬大腸問題，但是，重動化兄
　　爻午火，又想回頭破酉金官爻，若從此方向推敲，便與世的
　　五行性質不符合。

3》 我們應從另一個角度分析，將世、應、卦身三方融合解釋。
　　先假設青龍卯木為大牙，卯木旬空，即牙有鬆脫情況，其問
　　題由世應卯酉相沖開始，病來得急且快，因為化午火是發炎
　　之故。

4》 卦身在子爻巳火，正好印証病由炎症所引起。所謂牙痛慘過
　　大病，雪兒所受的折騰，間接也令她的情緒起伏。

實況：雪兒牙齒發炎。

實例〈37〉

西曆:		2010	年		3	月		8	日	
陰曆:	庚	寅	年	戊	寅	月	丁	巳	日	
占問:	九哥占疾病									
得卦:	澤雷隨 (震8) 化 水澤節 (坎2)									
卦身:	申			旬空:		子、丑				
卦爻	六獸	六親	卦象	飛神		伏神		變卦	後六親	
上爻	龍	財	\\	未						
			應							
五爻	玄	官	\	酉						
四爻	白	父	O	亥		午	子	申	父	身
三爻	蛇	財	\\	辰						
			世							
二爻	勾	兄	X	寅				卯	子	
初爻	朱	父	\	子	空					

背景：當日九哥心口翳悶，呼吸並不暢順，懷疑自己患上心臟病，
　　　前往身體檢查前，要求本人替他占一卦，看兩方結果，是
　　　否一致。

分析及推斷：

1》世應皆持屬土財爻，月來疏，日來生，土質鬆散，較難結聚。
無論怎樣，土受木剋，它還是充盈的。土屬脾胃，脾胃有損，
無法生金，便帶出消化系統和呼吸系統兩方面的病徵。

2》此卦兩爻發動。四爻白虎父爻重動，伏午火子爻，九哥心底下，
懷疑心臟有事，所以才會出現白虎父化父的極凶意象。不過，
化出的父爻，不是巳或午，卻是申金。金為呼吸系統，白虎
主肅殺和分解。按卦象，他患氣管疾病的機會較高。

3》要印証以上觀點，可從五爻分析，酉金受日辰巳火所剋，玄
武臨弱，帶寒帶濕；酉金受剋，氣管疾患；官爻受制，病非嚴重。

4》二爻勾陳兄爻寅木交動，寅化卯，是化進，卯是子爻，一而再，
再而三地剋世應之土，土不斷受剋，生金之力遞減，金衰肺弱，
可以肯定，他不是患上心臟病，而是患上氣管衰弱疾病。

實況：報告出來，証實他心臟健康，只是氣管問題，中醫稱為氣
　　　管弱。

實例〈38〉

西曆:		2005		年		7	月		17	日	
陰曆:		乙	酉	年	癸	未	月	壬	寅	日	
占問:		蕭婆婆占疾病									
得卦:		澤風大過 (震7)									
卦身:		卯			旬空:		辰、巳				
卦爻	六獸	六親	卦象	飛神		伏神			變卦	後六親	
上爻	白	財	\\	未							
五爻	蛇	官	\	酉							
四爻	勾	父	\	亥		午	子				
			世								
三爻	朱	官	\	酉							
二爻	龍	父	\	亥		寅	兄				
初爻	玄	財	\\	丑							
			應								

分析及推斷：

1》問病而用神不入世應等用事位置，一般指病情不嚴重。不過，
　應來尅世，病是存在的，由於丑土財爻被月建沖破，這病未
　為蕭婆婆帶來太大的傷害。

2》上下兩官爻夾世，病氣湧現，令她有所憂心。最大問題，是
　世下伏著的午火子爻。午火跟心臟、血液、血壓等有著關連，
　我們應從這方向去推敲。

3》世所持的亥水，日辰寅木來合，寅亥合化為木，可生伏神午火，
　午火有上升的意象。看卦象的意態，她有血壓偏高的跡象。

實況：蕭婆婆女兒回覆，她母親有血壓高，但不是太嚴重。

實例〈39〉

西曆:		2017	年		6	月		20	日	
陰曆:		丁	酉	年	丙	午	月	戊	寅	日
占問:		駱先生占疾病 (一)								
得卦:		澤山咸 (兌4) 化 天雷无妄 (巽5)								
卦身:		寅			旬空:		申、酉			
卦爻	六獸	六親	卦象	飛神		伏神		變卦	後六親	
上爻	朱	父	X	未				戌	財	
			應							
五爻	龍	兄	\	酉	空					
四爻	玄	子	\	亥						
三爻	白	兄	O	申	空			辰	財	
			世							
二爻	蛇	官	\\	午		卯	財			
初爻	勾	父	X	辰				子	父	

分析及推斷：

1》這支卦是應來生世，未生申，父生兄，兄爻越旺，阻隔越大。世
持白虎兄爻申金重動，白虎帶凶，申金為刀，駱先生應該曾受
傷或做手術；化辰土回頭生世，是舊患復發的先兆。

2》世應由相生化相沖，六沖為急，病情便生起變化。是什麼變化？
看世應辰戌皆屬土，財爻又是官爻的原神，土為腫脹或腫瘤。
究竟是哪部位出現這情況，便要追尋官爻的去向。

3》用神官鬼落二爻，持午火螣蛇，午火為發炎，螣蛇為持續，伏神
財爻為源頭，卯是肝膽，推斷肝膽部位持續發炎，引致腫脹。

4》初爻勾陳父化父，化出的子水被月建午火沖動，暗示他正為此疾
患而憂心不已。

實況：駱先生一年多前患上肝病，需要換肝。其後，他移植兒子
部分肝臟，回復健康，沒料到今年五月，肝病復發，今次
更波及膽管，且逐漸脹大，需要再次更換肝和膽管。無奈
的是，其子膽管太幼，不合移植，他只有等待活肝或屍肝
來續命！

實例〈40〉

西曆:		2017	年		7	月		25	日
陰曆:	丁	酉	年	丁	未	月	癸	丑	日
占問:	駱先生占疾病 (二)								
得卦:	坎為水 (坎1) 化 天水訟(離7)								
卦身:	亥			旬空:	寅、卯				

卦爻	六獸	六親	卦象	飛神		伏神		變卦	後六親
上爻	白	兄	X	子				戌	子
			世						
五爻	蛇	官	\	戌					
四爻	勾	父	X	申				午	兄
三爻	朱	財	\\	午					
			應						
二爻	龍	官	\	辰					
初爻	玄	子	\\	寅	空				

背景：此卦承接上例而來的。發生在駱先生身上的事，真有如看
電影故事。肝病復發，功能盡失，若不立即更換，便有生
命危險，在絕境下，7 月 22 日，他收到醫院來電，有適
合屍肝，立即進院做手術。此卦是手術後卜的，看病情往
後的發展。

分析及推斷：

1》 占重病，子爻要強而有力，才可大步跨過。令人痛心的是，子爻
不但失令，更落旬空，在意象上，這病已無藥可治。再進一步看，
子爻是寅木，正呼應肝膽疾患，他落旬空，顯示肝功能已失，
無法復原。

2》 手術後，世應子午暗動，病情反覆。此刻，月建合應，午未化
火，是合刑，午火炎症，沒有減退，午又與日辰成「午丑害」，
發展下去，其病嚴重！

3》 世化戌土子爻，與本卦官爻戌土相同，其發炎而脹大的部位，
手術後不但沒有消腫，反而更加嚴重。

4》 四爻化出午火兄爻，同樣與日月又害又合，推斷炎症，越來越烈，
若沒法將炎症遏止，情況令人擔心。

實況：駱先生手術後，聽聞要用重藥消炎。

【十五】脾胃疾病

為什麼中醫總愛把脾和胃聯在一起？其實道理十分簡單，因為胃經和脾經，彼此互相表裡，關係密切。脾胃不但主管五味（鹹、甜、酸、苦、辣），也是掌控消化和吸收的功能，可以說是人體內的糧食倉庫。《內經》也提到「脾胃者，倉廩之官，五味出焉」等字句。

人體中，脾胃佔的地位非常重要，中醫認為「腎是先天之基，脾是後天之本」，在其理論中，脾胃皆屬土，分為『脾土』和『胃土』，他們是人體內的土地，亦是人後天之根本。

「脾開竅於口，其華在唇」，所以，有經驗的中醫，都從口唇上辨別脾胃的狀況。唇的枯、潤、澤、晦，可以反映臟腑的盛衰。一般看法，唇揭為脾實；唇縱為脾虛；唇黃為濕熱；唇紅為實熱；唇紫為淤阻；唇黑為敗色；唇顫為中風等種種先兆，有別於患心臟病者，其嘴唇常呈現暗紫色和紫藍色。

脾胃傷，百病生。脾胃不好，脾經不通，人體吸收不了維生素。脾又主肉，所以你會肌無力。中醫所說的脾虛，是指「脾氣虛損」，多因飲食失調‧勞逸失度，或久病體虛所引起。由於脾有運營養，輸送水液和統攝血液等作用。脾虛則令運化失常，出現營養不良；水液失散而生濕釀痰，或發生失血等症。

〔足太陰脾經圖〕

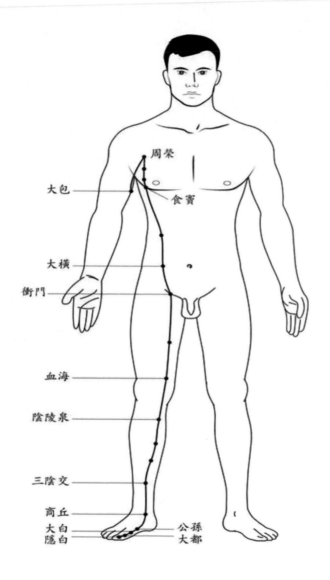

脾胃屬土

脾胃皆屬土，而土有「辰戌丑未」四個，稱為四庫。占疾病，四庫可以是消化問題，也可以是腫瘤，還有可能是癌症。怎樣判斷是何種疾病，還是要一些特定條件去配合，稍後會為讀者詳加解釋。

辰是水庫，戌是火庫，丑是金庫，未是木庫。土分濕土和燥土兩種。辰是水庫，土載水，丑居北方，土帶水，兩土藏水，所以辰與丑為濕土，而濕亦分陰陽，辰為陽濕，丑為陰濕；戌是火庫，土存火，未位南方，土帶火，兩土火旺，因此戌與未為燥土，戌為陽燥，未為陰燥，這些性質，在推斷疾患時，都值得我們去參考。

土的性質為聚積、為堵塞，令腑臟五行失衡。肝氣不疏，腎氣不通，火氣不洩，金氣不生，病便由此而起。

現按下列四種輕重不同的病況，逐一加以分析。

腸胃疾患
發炎腫脹
經絡腫瘤
癌症擴散

〔四庫受尅，腸胃疾患〕

　　辰戌丑未是四墓庫，四者全屬土。無論術數或中醫，將脾胃配以五行中的『土』，若然受損，一般病徵為消化不良，吸收力弱，導致營養不足等問題，即中醫所說的脾虛和胃弱。

　　其實，『土』在不同的狀態下，身體便產生不同變化，因而會發展成為不同的疾病。想知道消化系統疾病是怎樣形成，便要明白『土』在五行運動中扮演的角色。

　　當『土』處於平衡狀態時，人體內的脾胃，會自動調節腑臟，令身體運作正常。倘若『土』受日、月、化爻等刑尅，身體便會生起變化。『土』受尅則脾傷，『土』受刑則胃弱，最終，脾胃功能逐步減弱，消化疾病便隨之而生。

【舉例】 – 腸胃病

占問：許先生 占 健康
得卦：水澤節 (坎2)

卦爻	六獸	六親	卦象	飛神	伏神	變卦/後六親
上爻	白	兄	II	子身		
五爻	蛇	官	I	戌		
四爻	勾	父	II	申		
			應			
三爻	朱	官	II	丑		
二爻	龍	子	I	卯		
初爻	玄	財	I	巳		
			世			

寅日　剋 →（五爻 戌）
寅日　剋 →（三爻 丑）

分析：卦中見兩官爻夾應，日來剋，又不落用事爻位置，土
　　　氣受制，脾胃不調，一般主脾胃失調，消化不良，俗
　　　稱「食滯」。

〔爻動化火，發炎腫脹〕

　　官爻土除了主脾胃外，有時因自身或它爻的發動，將整個卦象結構，出現了很大的變化，令原來的消化問題，轉為實質的嚴重病患，其中，炎症是最常見的現象。

例1：官爻發動

　　官　　X　　丑 ----------------▶ 午兄

➤ 這個化出的午火，可能是炎症的徵兆。由於官爻不入用事位，只可推斷為淋巴腺發炎。

例2：它爻發動

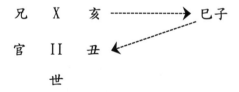

　　兄　　X　　亥 ----------------▶ 巳子
　　官　　II　　丑 ◀------
　　　　　世

➤ 巳火也是炎症，若世持官爻落在四爻或五爻，可能是心瓣發炎或相關心臟病患。

「火旺炎症起，燒盡脾與肌」，這種情況，是暗喻了體內發炎。占疾病時，若見某爻化出午火或巳火，回頭直撲官爻土，正是火勢炎炎，火旺土高。土越旺，聚積越厚，土便失控，最終可能成為腫脹或腫瘤。這是判卦的原則概念。

下一步，我們要是找出發炎位置，但千萬不要胡亂猜度，必須綜合內五行、外五行和爻位高低等資料來推敲印証，才可作個決定。

為了讓讀者更易明白，我再以「許先生的例子」作為基礎，進一步去演繹卦象。

首先，我將這支「水澤節」卦象，來一點改動。

改動 一，將上爻由拆（ II ）改為交爻（ X ）。

改動 二，將四爻由拆（ II ）改為交爻（ X ）。

得出 卦象是「水澤節」 化 「天澤履」。

【舉例】 – 許先生卦例

占問：許先生 占 健康
得卦：水澤節（坎2）化 天澤履（艮6）

卦爻	六獸	六親	卦象	飛神	伏神	變卦/後六親	
上爻	白	兄	X	子身	戌兄		癸
五爻	蛇	官	I	戌		生	卯
四爻	勾	父	X	申	午父 ◄		月
			應				
三爻	朱	官	II	丑		生	癸
二爻	龍	子	I	卯			卯
初爻	玄	財	I	巳空			日
			世				

分析：應化午火，火為炎症，回頭生兩官。因兩官不在世、應、
卦身，炎症多不在脾胃，官在三爻和五爻，土為腫脹，
他的腹部或胸部，可能因發炎，出現浮腫情況。

〔官爻化土，經絡腫瘤〕

　　有關經絡腫瘤疾患，一般要按五行分類。木為肝膽；火為心臟；土為脾胃；金為肺腑；水為腎臟。若卦中官爻，化為四庫，便要小心處理，因為疾病的變化十分之大。官爻可能化出是辰、可能化出是戌、可能化出是未，也可能化出是丑，由於四土本質略有不同，其尅應當然有所區別。

　　寅或卯，化為辰土，其尅應為肝膽水腫或水瘤。
　　巳或午，化為丑土，其尅應為心臟腫瘤。
　　四庫土，化為未土，其尅應為脾胃腫瘤。
　　申或酉，化為戌土，其尅應為肺部腫瘤。
　　亥或子，化為丑土，其尅應為腎臟腫瘤。

　　以上只是部分舉例及克應，也是本人用卦的體會，相信仍有不足之處，若讀者有興趣在此方向研究，或許會另有所得。我們學卦，最怕是固步自封，畫地為牢，這樣，習者就沒法拉闊思路，擴闊視野，捕捉爻辰跳動，了解五行生尅，推敲爻辰去向，若然他們無法突破自己，根本不能掌握病患源頭，也無法預測病變的傾向。

　　不論化爻的後六親是哪一個，有時並不重要，主要是看五行的變化，對官爻或用事爻造成的生尅，是決定疾患變化的一個要點。

【舉例】－ 李婆婆卦例

占問：李婆婆 占 健康
得卦：天水訟（離7）化 火水未濟（離4）

卦爻	六獸	六親	卦象	飛神	伏神	變卦/後六親	
上爻	玄	子	I	戌空			
五爻	白	財	O	申 —動化→		未子	癸
四爻	蛇	兄	I	午			酉
			世				月
三爻	勾	兄	II	午	亥官空		乙
二爻	朱	子	I	辰			丑
初爻	龍	父	II	寅			日
			應				

分析：五爻為心肺位置，申金為呼吸系統，白虎主破壞，財
　　　爻是病因，化未土為腫脹或腫瘤，綜合而言，是肺腫
　　　脹問題。

回應：李婆婆驗出有肺腫瘤。

〔四庫動旺，癌症擴散〕

　　四庫土氣，適可而止。過弱，脾胃失調，消化不良；過旺，土厚堆積，毒素瀉漏。所以，占疾病，官爻或財爻『土』旺，不是好事，往往是腫瘤或癌症的克應。

　　何為土旺？簡單而言，『土』被生、被扶或發動而變旺。

例1：財爻受生而旺

例2：官爻受扶而旺

例3：官爻發動而旺

官　　　X　　　丑 ----------動化----------▶ 戌

　　　　世

【舉例】－ 林女士卦例

占問：林女士占健康

得卦：水雷屯（坎3） 化 水澤節（坎2）

卦爻	六獸	六親	卦象	飛神	伏神	變卦/後六親
上爻	勾	兄	II	子		乙
五爻	朱	官	I	戌 ←	刑扶	丑 月
			應		值日	庚
四爻	龍	父	II	申		戌
三爻	玄	官	II	辰	午財	日
二爻	白	子	X	寅空		卯空子
			世			
初爻	蛇	兄	I	子		

分析：官爻值日，且得月扶，戌土旺相，患癌機會極高。因
財爻是午火，主血，主患血癌。

脾胃實例

實例〈41〉

西曆：		2017	年		1	月		13	日
陰曆：	丙	申	年	辛	丑	月	庚	子	日
占問：	小璋 占 健康								
得卦：	火雷噬嗑（巽6）化 雷山小過（兌7）								
卦身：	戌			旬空：		辰、巳			

卦爻	六獸	六親	卦象	飛神		伏神		變卦	後六親	
上爻	蛇	子	O	巳	空			戌	父	身
五爻	勾	財	\\	未						
			世							
四爻	朱	官	\	酉						
三爻	龍	財	X	辰	空			申	兄	
二爻	玄	兄	\\	寅						
			應							
初爻	白	父	O	子				辰	父	空

分析及推斷：

1》用神官爻入間爻，問題不在官爻。世持勾陳財爻未土，才是
重點。表面上，應來尅世，可制土氣，其實不然，皆因上爻
發動，再化戌土，又是卦身所在，對世爻先生後扶，土氣旺盛，
寅木難入半分，看卦身，是患癌的機會極高。

2》同樣，三爻青龍辰土發動，再次鞏固世未土，月建丑土沖世，
即時將土氣引發。初爻白虎父爻發動，其病無不令人憂心！

3》實情又是否如此？雖然卦中有四土，土重脾胃差，會否發展
成為癌症？卜者一定要小心分析卦象結構，看看世爻、上爻、
月建三者成「丑戌未」三刑，是土崩瓦解的示象，當然不是
癌症。

4》既然土瓦解，病不會重，多屬消化不良的問題。

實況：小璋是七星仔，不足月出世，自少消化力弱。看中醫，判
他先天脾胃極差，要長期調理。他中氣亦不足，需要長期
服食人參粉。

實例〈42〉

西曆:		2007	年		6	月		20	日
陰曆:	丁	亥	年	丙	午	月	乙	酉	日
占問:	美琪 占 疾病								
得卦:	震為雷 (震1) 化 澤地萃 (兌3)								
卦身:	亥			旬空:	午、未				

卦爻	六獸	六親	卦象	飛神		伏神		變卦	後六親	
上爻	玄	財	\\	戌						
			世							
五爻	白	官	X	申				酉	兄	
四爻	蛇	子	\	午	空					
三爻	勾	財	\\	辰						
			應							
二爻	朱	兄	\\	寅						
初爻	龍	父	O	子				未	父	空

分析及推斷：

1》占疾病，以官鬼爻為用神。世應持辰戌兩土，而應位辰土，
　　卻被日辰合著「辰酉合」，不過，月建午火來破，合而遭破，
　　反穿世爻，令土質鬆散，推斷是腫脹或良性腫瘤。

2》近日，美琪肚子隱隱作痛，看西醫，服藥後沒有好轉，皆因
　　子爻落空之故。辰戌暗冲，病來得快，瀉得勁，好像是腸胃
　　病特徵，不過，她父母皆死於癌病，令她十分驚恐。

3》初爻重動，青龍父化父，卻成「子未相害」，僥倖的是，未
　　土父爻旬空，子未之害，只有其象，沒有其害。

4》五爻白虎官爻申金化進為酉金，金是大腸，白虎帶凶，兄主破財。
　　推斷她的大腸內有腫脹或良性腫瘤。為了解開疑竇，建議梁小姐
　　去檢查大腸。

實況：檢查結果，發現大腸有內痔兩粒，暫時不用動手術，約四
　　　天後，梁小姐通知腹瀉已止，身體回復正常。

實例〈43〉

西曆:		2010		年		8	月		7	日
陰曆:		庚	寅	年	癸	未	月	己	丑	日

占問:	凌太太 占 健康

得卦:	地澤臨 (坤3) 化 地風升(震5)

卦身:	丑	旬空:	午、未

卦爻	六獸	六親	卦象	飛神		伏神			變卦	後六親	
上爻	勾	子	\\	酉							
五爻	朱	財	\\	亥							
			應								
四爻	龍	兄	\\	丑	身						
三爻	玄	兄	X	丑	身				酉	官	
二爻	白	官	\	卯							
			世								
初爻	蛇	父	O	巳					丑	財	身

分析及推斷：

1》未月丑日，世應卯木和亥水皆失令，財官退氣，力量不強，因世持白虎，病來急且快，但並沒有殺傷性。朱雀財爻生世官爻，可能是食物引起的疾病。

2》卦身主方向，卦中卦身三現，雖然值日，其病沒有確實方向。土主脾胃，也主腫脹或腫瘤。丑土入三爻、四爻，其病患處定在腹、肚、腸等位置。

3》三爻丑土化酉金官，再回頭沖世卯木，沖為急，配合白虎性質，可推斷是急病。 綜合而言，凌太太的脾胃出了問題，腸在蠕動，令她出現攪痛情況。

4》初爻螣蛇父爻發動，化丑土財爻卦身，她擔心病患令她背上沉重的醫療費用。

實況：凌太太早前腹部突然劇痛，痛到死去活來，需立即入急症室治療，報告出來，沒有大問題，被定為急性腸胃炎。

實例〈44〉

西曆:		2011	年		9	月		23	日
陰曆:	辛	卯	年	丁	酉	月	辛	巳	日
占問:	Betty 占 健康								
得卦:	乾為天 (乾1) 化 雷風恆 (震4)								
卦身:	巳			旬空:		申、酉			

卦爻	六獸	六親	卦象	飛神		伏神		變卦	後六親	
上爻	蛇	父	O	戌				戌	財	
			世							
五爻	勾	兄	O	申	空			申	官	空
四爻	朱	官	\	午						
三爻	龍	父	\	辰						
			應							
二爻	玄	財	\	寅						
初爻	白	子	O	子				丑	財	

分析及推斷：

1》世應父爻，辰戌六沖，螣蛇青龍，戌化戌化伏吟，Betty 擔心自己健康出了問題。

2》「四爻必腹及肚腸」，用神官爻午火，日辰來扶，本身有氣，但是它不入用事位，可以肯定，不是心臟有事，多屬炎症，而且沒有生命危險。

3》斷病患位置，可從世位入手。世在上爻，多在頭部，配螣蛇，其形長而曲，配合戌土，是腫脹或腫瘤。

4》五爻勾陳兄化官，申化申，是伏吟，又成「自空化空」，五爻是胸至頭部位，勾陳是腫瘤，兄為阻隔，化官為病徵。推斷她由頸至頭部位，出現腫瘤情況。

5》初爻白虎子爻化財爻丑土，回頭相合，子爻失力，此刻還未找到醫治良方。

實況：Betty 回覆，她頸生粉瘤。

實例〈45〉

西曆:		2014	年		10	月		21	日
陰曆:	甲	午	年	甲	戌	月	乙	丑	日

占問:	劉婆婆 占 健康

得卦:	天水訟(離7) 化 火天大有 (乾8)

卦身:	卯		旬空:	戌、亥

卦爻	六獸	六親	卦象	飛神		伏神		變卦	後六親
上爻	玄	子	\	戌	空				
五爻	白	財	O	申				未	父
四爻	蛇	兄	\	午					
			世						
三爻	勾	兄	X	午		亥	官 空	辰	父
二爻	朱	子	\	辰					
初爻	龍	父	X	寅				子	子
			應						

分析及推斷：

1》占健康，世持兄爻，應動來生，兄爻越旺，治療越困難。兄是午
火，是發炎。用神官爻亥水不入用事位，又伏又旬空，主要疾患，
不在泌尿系統方面。此卦原神財爻重動，臨白虎，必有原因，財
爻申金化未土，申金為肺部或氣管，未土受月建拱刑，腫瘤大而
不動，多屬癌症。

2》未土回頭合世，午未化火，火旺土亦旺，合中又見刑，癌細胞有
散擴跡象。本來日辰丑土，月建戌土和化爻未土，成「丑戌未」
三刑瓦解之局，若能成局，土氣崩潰，自能為她解困，無奈卦有
「貪合」原則，以合為先，日辰合應，五爻回頭合世，兩者同是
合刑。此刻世應俱是處於合刑狀態。

3》應爻青龍父動，名醫主診，但本卦子爻旬空，化出子爻又被合去，
基本上卦中無子爻，治療定必無效。再者三爻午火兄爻化辰土，
呼應世爻合刑，其他部位，開始有腫瘤浮現。劉婆婆患上肺癌的
機會大，癌已散擴，世應合刑，任何治療，都是無功而還。

實況：她家人回覆，劉婆婆患肺癌，大約手術後 40 天，便與世長辭。

實例〈46〉

西曆:	2011		年		6	月		19	日
陰曆:	辛	卯	年	甲	午	月	乙	巳	日
占問:	袁先生 占 疾病								
得卦:	雷風恆 (震4) 化 地風升(震5)								
卦身:	寅			旬空:		寅、卯			

卦爻	六獸	六親	卦象	飛神		伏神			變卦	後六親
上爻	玄	財	\\	戌						
			應							
五爻	白	官	\\	申						
四爻	蛇	子	O	午					丑	財
三爻	勾	官	\	酉						
			世							
二爻	朱	父	\	亥		寅	兄	身空		
初爻	龍	財	\\	丑						

272

分析及推斷：

1》世持用神官爻，其身有病。酉金是四桃花，疾病與生殖器官有關，勾陳主腫脹，坐三爻的腰背位置，病在何方？大家應心裡有數。

2》應持玄武戌土財爻，財爻是官爻原神；玄武為內；戌土為火庫，月、日生旺，癌症無疑，他應患上前列腺癌。

3》子爻午火重動，化丑土財爻，回頭與世爻、日辰成「巳酉丑」金局，無論何種治療，皆沒有大進展。

4》卦身在寅木兄爻，擔心醫療費用高昂，幸好落旬空，又化不成長生，醫療開支比預期中少。

實況：袁先生八十高齡，2009年証實患上前列腺癌，安排做手術。手術後，中醫建議以雲芝煎水用服，效果未見顯著，後改處方治療，小便見血，多次進出醫院。起卦當日，小便大量出血，不得不再次入院，其後，經常進出醫院，前後拖了年多，最終難敵病魔，乘鶴歸去。

實例〈47〉

西曆:		2006	年		8	月		8	日
陰曆:	丙	戌	年	丙	申	月	己	巳	日
占問:	張女士 占 疾病								
得卦:	地火明夷 (坎7)								
卦身:	酉			旬空:		戌、亥			

卦爻	六獸	六親	卦象	飛神		伏神		變卦	後六親
上爻	勾	父	\\	酉	身				
五爻	朱	兄	\\	亥	空				
四爻	龍	官	\\	丑					
			世						
三爻	玄	兄	\	亥	空	午	財		
二爻	白	官	\\	丑					
初爻	蛇	子	\	卯					
			應						

274

分析及推斷：

1》占疾病，以官鬼爻為用神。世持官鬼爻丑土，可判有病。但
　病情如何？要從卦象中解拆。丑土受日辰生旺，病情嚴重。
　土可視為脾胃，也可視為硬塊或腫瘤，加上青龍當旺為大病。
　結合以上種種，我可推斷此為腫瘤或癌症。

2》「四爻必腹及肚腸」，指腹部上下位置，下為腰位，上為胸部，
　可推斷病發部位，不是在腰，便是在胸。人有病，必需去看醫
　生，尋找適當的治療方法。應持螣蛇子孫爻卯木，本來子尅官，
　治療有法，但是，時值夏令，卯木退氣，藥物無效。

3》兩兄上下夾世，她預計治療費用不菲。卦身落在上爻父爻上，
　與世、日辰成「巳酉丑」三合金局，勾陳為專科，金父是醫生，
　可以推斷，醫院安排專科醫生為她診治。

4》建議她做全身檢查，特別注意腰、胸兩個部位。

實況：她收到化驗佈告，証實患上第三期乳癌，醫院立即安排六
　　　次化療，令癌細胞縮小，才進行切割手術。

實例〈48〉

西曆:		2017	年		5	月		7	日	
陰曆:	丁	酉	年	乙	巳	月	甲	午	日	
占問:	白先生 占 健康									
得卦:	水雷屯 (坎3) 化 澤雷隨 (震8)									
卦身:	未			旬空:		辰、巳				
卦爻	六獸	六親	卦象	飛神		伏神		變卦	後六親	
上爻	玄	兄	\\	子						
五爻	白	官	\	戌						
			應							
四爻	蛇	父	X	申				亥	父	
三爻	勾	官	\\	辰	空	午	財			
二爻	朱	子	\\	寅						
			世							
初爻	龍	兄	\	子						

分析及推斷：

1》問健康，火旺土旺都不太適宜。此卦世、應 、日辰成『寅午戌』三合火局，又在巳月，火旺生土，若土在用事位被生旺，生癌的機會較大。

2》世持子爻寅木，他本人的治療意志很強，無奈寅木失令，更遭合去，治療失效。應臨白虎官爻戌土，戌為火庫，白虎無情，三合火局再生土，令戌土日漸壯大，癌病日趨嚴重。

3》另一官爻辰土，落在三爻，伏神午火生旺，午亦主發炎，推斷癌細胞已擴散。

4》四爻發動父化父，化出亥水父爻，月建沖起，可以想像，他長期受癌病困擾，無法活得安寧。

實況：白先生在三歲時，發現盆腔有肌肉瘤，治療成功，沒有惡化。直至二十歲那年，醫生發現他腎臟附近有癌細胞，安排治療，近日癌細胞擴散至直腸，又感染細菌，已到無藥可治的地步，只靠嗎啡止痛度日。朋友通知，9月初，白先生的病情再度轉壞，延至在9月4日（戊申月甲午日）去世。

實例〈49〉

西曆:		2012	年		4	月		6	日	
陰曆:		壬	辰	年	甲	辰	月	丁	酉	日
占問:		Wing 占 健康								
得卦:		風雷益 (巽4) 化 天火同人 (離8)								
卦身:		申		旬空:		辰、巳				
卦爻	六獸	六親	卦象	飛神		伏神		變卦	後六親	
上爻	龍	兄	\	卯						
			應							
五爻	玄	子	\	巳	空					
四爻	白	財	X	未				午	兄	
三爻	蛇	財	X	辰	空	酉	官	亥	官	
			世							
二爻	勾	兄	\\	寅						
初爻	朱	父	\	子						

分析及推斷：

1》世在三爻，「三爻腰背常輕軟」，其病患在腰背位置，內裡
　　包括泌尿系統和大腸。

2》世持財爻辰土旬空，坐月建為假空，伏酉金官爻，酉金為大腸，
　　財值月，官坐日，因而辰酉相合，合得結實，便是腫瘤的徵兆。

3》再者，四爻白虎財爻發動，未化午，回頭合化火，生旺世辰土，
　　令腫瘤變為不良，有可能發展為初期的大腸癌，幸好，世化亥
　　水官爻，是化退，病情受控及沒有惡化。

4》應持青龍卯木兄爻，日辰沖動，反映治療支出較大而已。

實況：Wing 兩年前患上直腸癌，手術後康復。每年需要做檢查。
　　　占問前，醫生已取走一些細胞組織化驗，他希望從占卜中，
　　　早點知道結果。4 月 18 日，他取得化驗結果，癌症沒有惡化，
　　　與占問結果一致。

實例〈50〉

西曆:		2013	年		9	月		21	日	
陰曆:		癸	巳	年	辛	酉	月	庚	寅	日
占問:		永基 占 疾病								
得卦:		雷火豐 (坎6) 化 震為雷 (震1)								
卦身:		戌			旬空:		午、未			
卦爻	六獸	六親	卦象	飛神		伏神		變卦	後六親	
上爻	蛇	官	\\	戌	身					
五爻	勾	父	\\	申						
			世							
四爻	朱	財	\	午	空					
三爻	龍	兄	O	亥				辰	財	
二爻	玄	官	\\	丑						
			應							
初爻	白	子	\	卯						

分析及推斷：

1》世不持官爻，表面看來並不可怕，其實不然，本卦兩官夾世，一在應位，一在卦身，而官爻是土，丑、戌皆是腫瘤科，可以肯定，病患不是傷風感冒哪樣簡單。

2》世持勾陳父爻申金，被日辰寅木沖動，勾陳為腫瘤，父爻為煩惱，申金為肺、為腸。永基正為腫瘤擴散的問題而煩惱。在卦中，最少找到四個腫瘤位置，包括世、應、卦身及三爻。

3》能將腫瘤擴散全身的疾患，非血癌莫屬。怎樣確定？看卦身便知，卦身持螣蛇官爻戌土，官為病，戌土是火土，火為血，螣蛇主走動，便是血癌擴散的意象。

4》酉月合著辰土財爻，病情暫時未惡化。入戌月，卦身值月，病情會急轉直下。子爻不入位，藥石罔效，只有接受現實。

實況：朋友通知，永基是患血癌，情況不樂觀。占卦兩個月後，他便離世！

愚人著作：

1. 《象數易之入門及推斷技巧》
2. 《象數易－六爻透視：入門及推斷》修訂版
3. 《象數易之姻緣與婚姻》
4. 《象數易六爻透視－職場顯玄機》
5. 《增刪卜易之六爻古今分析》
6. 《象數易－六爻透視：財股兩望》
7. 《象數易－六爻透視：病在何方》

象數易課程

yuyan388@yahoo.com.hk

　　象數易即易卦，又稱文王卦。它利用六爻之五行、六親和六獸，將占問事情，立體地呈現在卜者眼前，也可透過六爻結構，推斷事情的得失成敗。它還有一個優點，可直接占卜，不需用上問事人的生辰八字，避免因時辰失誤，帶來的失準判斷。

　　近年，筆者不斷將克應與卦象互參，並將爻辰的定義及其覆蓋範圍更新，期望令易卦卦象，能配合時代步伐，令推斷更為仔細。此外，筆者重新將象數易的資料整理，成為一個獨立的推斷系統 – 推斷『五大綱領』。按著五個步驟，便能拆解卦象，判斷吉凶，這是傳統捉用神以外的一種新方法。

　　任何術數，根基最為重要，基礎打得穩，日後在斷卦時，便能作出引伸、借用、互通等概念，才能掌握要點，判斷準確。本人除了出版《象數易》系列叢書外，還開辦象數易相關課程：

初階課程 ／ 進階課程 ／ 專題課程 ／ 函授課程

　　有興趣的朋友，可電郵至 yuyan388@yahoo.com.hk 查詢課程內容及其開班時間。

西曆：			年			月			日
陰曆：			年			月			日
占問：									
得卦：									
卦身：				旬空：					
卦爻	六獸	六親	卦象	飛神		伏神			變卦	後六親
上爻										
五爻										
四爻										
三爻										
二爻										
初爻										

西曆:			年			月			日	
陰曆:			年			月			日	
占問:										
得卦:										
卦身:				旬空:						
卦爻	六獸	六親	卦象	飛神		伏神			變卦	後六親
上爻										
五爻										
四爻										
三爻										
二爻										
初爻										

西曆：			年			月			日	
陰曆：			年			月			日	
占問：										
得卦：										
卦身：				旬空：						
卦爻	六獸	六親	卦象	飛神		伏神			變卦	後六親
上爻										
五爻										
四爻										
三爻										
二爻										
初爻										

西曆：			年			月			日	
陰曆：			年			月			日	
占問：										
得卦：										
卦身：				旬空：						
卦爻	六獸	六親	卦象	飛神		伏神			變卦	後六親
上爻										
五爻										
四爻										
三爻										
二爻										
初爻										

心一堂數術古籍珍本叢刊　第一輯書目

	占筮類		
1	擲地金聲搜精秘訣	心一堂編	沈氏研易樓藏稀見易占秘鈔本
2	卜易拆字秘傳百日通	心一堂編	
3	易占陽宅六十四卦秘斷	心一堂編	火珠林占陽宅風水秘鈔本
	星命類		
4	斗數宣微	【民國】王裁珊	民初最重要斗數著述之一；未刪改本
5	斗數觀測錄	【民國】王裁珊	失傳民初斗數重要著作
6	《地星會源》《斗數綱要》合刊	心一堂編	失傳的第三種飛星斗數
7	《斗數秘鈔》《紫微斗數之捷徑》合刊	心一堂編	珍稀「紫微斗數」舊鈔秘本
8	斗數演例	心一堂編	
9	紫微斗數全書 (清初刻原本)	題【宋】陳希夷	斗數全書本來面目；有別於錯誤極多的坊本
10-12	鐵板神數 (清刻足本) ——附秘鈔密碼表	題【宋】邵雍	無錯漏原版 秘鈔密碼表　首次公開！
13-15	蠢子數纏度	題【宋】邵雍	蠢子數連密碼表 打破數百年秘傳　首次公開！
16-19	皇極數	題【宋】邵雍	清鈔孤本附起例及完整密碼表 研究神數必讀！
20-21	邵夫子先天神數	題【宋】邵雍	附手鈔密碼表　研究神數必讀！
22	八刻分經定數 (密碼表)	題【宋】邵雍	皇極數另一版本；附手鈔密碼表
23	新命理探原	【民國】袁樹珊	
24-25	袁氏命譜	【民國】袁樹珊	子平命理必讀教科書！
26	韋氏命學講義	【民國】韋千里	
27	千里命稿	【民國】韋千里	民初二大命理家南袁北韋
28	精選命理約言	【民國】韋千里	北韋之命理經典
29	滴天髓闡微——附李雨田命理初學捷徑	【民國】袁樹珊、李雨田	命理經典未刪改足本
30	段氏白話命學綱要	【民國】段方	民初命理經典最淺白易懂
31	命理用神精華	【民國】王心田	學命理者之寶鏡
32	命學探驪集	【民國】張巢雲	
33	澹園命談	【民國】高澹園	發前人所未發
34	算命一讀通一鴻福齊天	【民國】不空居士、覺先居士合纂	稀見民初子平命理著作
35	子平玄理	【民國】施惕君	
36	星命風水秘傳百日通	心一堂編	
37	命理大四字金前定	題【晉】鬼谷子王詡	源自元代算命術
38	命理斷語義理源深	心一堂編	稀見清代批命斷語及活套
39-40	文武星案	【明】陸位	失傳四百年《張果星宗》姊妹篇 千多星盤命例　研究命學必備
	相術類		
41	新相人學講義	【民國】楊叔和	失傳民初白話文相術書
42	手相學淺說	【民國】黃龍	民初中西結合手相學經典
43	大清相法	心一堂編	
44	相法易知	心一堂編	重現失傳經典相書
45	相法秘傳百日通	心一堂編	

46	靈城精義箋	【清】沈竹礽	沈氏玄空遺珍
47	地理辨正抉要	【清】沈竹礽	玄空風水必讀
48	《玄空古義四種通釋》《地理疑義答問》合刊	沈瓞民	
49	《沈氏玄空吹虀室雜存》《玄空捷訣》合刊	【民國】申聽禪	
50	漢鏡齋堪輿小識	【民國】查國珍、沈瓞民	
51	堪輿一覽	【清】孫竹田	失傳已久的無常派玄空經典
52	章仲山挨星秘訣（修定版）	【清】章仲山	章仲山無常派玄空珍秘
53	臨穴指南	【清】章仲山	門內秘本首次公開
54	章仲山宅案附無常派玄空秘要	心一堂編	沈竹礽等大師尋覓一生未得之珍本！
55	地理辨正補	【清】朱小鶴	玄空六派蘇州派代表作
56	陽宅覺元氏新書	【清】元祝垚	簡易‧有效‧神驗之玄空陽宅法
57	地學鐵骨秘 附 吳師青藏命理大易數	【民國】吳師青	釋玄空廣東派學之秘
58-61	四秘全書十二種（清刻原本）	【清】尹一勺	玄空湘楚派經典本來面目 有別於錯誤極多的坊本
62	地理辨正補註 附 元空秘旨 天元五歌 玄空精髓 心法秘訣等數種合刊	【民國】胡仲言	貫通易理、巒頭、三元、三合、天星、中醫
63	地理辨正自解	【清】李思白	公開玄空家「分率尺、工部尺、量天尺」之秘
64	許氏地理辨正釋義	【民國】許錦灝	民國易學名家黃元炳力薦
65	地理辨正天玉經內傳要訣圖解	【清】程懷榮	秘訣一語道破，圖文并茂
66	謝氏地理書	【民國】謝復	玄空體用兼備，深入淺出
67	論山水元運易理斷驗、三元氣運說附紫白訣等五種合刊	【宋】吳景鸞等	失傳古本《玄空秘旨》《紫白訣》
68	星卦奧義圖訣	【清】施安仁	三元玄空門內秘笈 清鈔孤本 過去均為必須守秘不能公開秘密 與今天流行飛星法不同
69	三元地學秘傳	【清】何文源	
70	三元玄空挨星四十八局圖說	心一堂編	
71	三元挨星秘訣仙傳	心一堂編	
72	三元地理正傳	心一堂編	
73	三元天心正運	心一堂編	
74	元空紫白陽宅秘旨	心一堂編	
75	玄空挨星秘圖 附 堪輿指迷	心一堂編	
76	姚氏地理辨正圖說 附 地理九星并挨星真訣全圖 秘傳河圖精義等數種合刊	【清】姚文田等	蓮池心法 玄空六法 門內秘鈔本首次公開
77	元空法鑑批點本——附 法鑑口授訣要、秘傳玄空三鑑奧義匯鈔 合刊	【清】曾懷玉等	
78	元空法鑑心法	【清】曾懷玉等	
79	蔣徒傳天玉經補註	【清】項木林、曾懷玉	
80	地理學新義	【民國】俞仁宇撰	揭開連城派風水之秘
81	地理辨正揭隱（足本）附連城派秘鈔口訣	【民國】王邈達	
82	趙連城傳地理秘訣附雪庵和尚字字金	【明】趙連城	
83	趙連城秘傳楊公地理真訣	【明】趙連城	
84	地理法門全書	仗溪子、芝罘子	巒頭風水，內容簡核、深入淺出
85	地理方外別傳	【清】熙齋上人	巒頭形勢、「望氣」「鑑神」
86	地理輯要	【清】余鵬	集地理經典之精要
87	地理秘珍	【清】錫九氏	巒頭、三合天星，圖文並茂
88	《羅經舉要》附《附三合天機秘訣》	【清】賈長吉	清鈔孤本羅經、三合訣法圖解
89-90	嚴陵張九儀增釋地理琢玉斧巒	【清】張九儀	清初三合風水名家張九儀經典清刻原本！

91	地學形勢摘要	心一堂編	形家秘鈔珍本
92	《平洋地理入門》《巒頭圖解》合刊	【清】盧崇台	平洋水法、形家秘本
93	《鑒水極玄經》《秘授水法》合刊	【唐】司馬頭陀、【清】鮑湘襟	千古之秘，不可妄傳匪人
94	平洋地理闡秘	心一堂編	雲間三元平洋形法秘鈔珍本
95	地經圖說	【清】余九皋	形勢理氣、精繪圖文
96	司馬頭陀地鉗	【唐】司馬頭陀	流傳極稀《地鉗》
97	欽天監地理醒世切要辨論	【清】欽天監	公開清代皇室御用風水真本
三式類			
98-99	大六壬尋源二種	【清】張純照	六壬入門、占課指南
100	六壬教科六壬鑰	【民國】蔣問天	由淺入深，首尾悉備
101	壬課總訣	心一堂編	
102	六壬秘斷	心一堂編	過去術家不外傳的珍稀六壬術秘鈔本
103	大六壬類闡	心一堂編	
104	六壬秘笈——韋千里占卜講義	【民國】韋千里	六壬入門必備
105	壬學述古	【民國】曹仁麟	依法占之，「無不神驗」
106	奇門揭要	心一堂編	集「法奇門」、「術奇門」精要
107	奇門行軍要略	【清】劉文瀾	條理清晰、簡明易用
108	奇門大宗直旨	劉毗	
109	奇門三奇干支神應	馮繼明	天下孤本 首次公開
110	奇門仙機	題【漢】張子房	虛白廬藏本《秘藏遁甲天機》
111	奇門心法秘纂	題【漢】韓信（淮陰侯）	奇門不傳之秘 應驗如神
112	奇門廬中闡秘	題【三國】諸葛武候註	
選擇類			
113-114	儀度六壬選日要訣	【清】張九儀	清初三合風水名家張九儀擇日秘傳
115	天元選擇辨正	【清】一園主人	釋蔣大鴻天元選擇法
其他類			
116	述卜筮星相學	【民國】袁樹珊	民初二大命理家南袁北韋
117-120	中國歷代卜人傳	【民國】袁樹珊	南袁之術數經典

心一堂當代術數文庫

增刪卜易之六爻古今分析	愚人
象數易—六爻透視:財股兩望	愚人
象數易—六爻透視:入門與推斷 (修訂版)	愚人
象數易—六爻透視:病在何方	愚人
命理學教材（第一級）	段子昱
斗數詳批蔣介石	潘國森
潘國森斗數教程（一）：入門篇	潘國森
紫微斗數不再玄	犂民
七星術（正傳）—命理預測篇	黃煒祥
玄空風水心得（增訂版）（附流年催旺化煞秘訣）	李泗達
玄空風水心得（二）—沈氏玄空學研究心得（修訂版）附流年飛星佈局	李泗達
廖氏家傳玄命風水學（一）—基礎篇及玄關地命篇	廖民生
廖氏家傳玄命風水學（二）—玄空斗秘篇	廖民生
廖氏家傳玄命風水學(三)—楊公鎮山訣篇 附 斷驗及調風水	廖民生
廖氏家傳玄命風水學（四）—秘訣篇：些子訣、兩元挨星、擇吉等	廖民生

全本校註增刪卜易	【清】野鶴老人	李凡丁（鼎升）校註
學君平卜易存驗 管公明十三篇 合刊	【明】佚名；【清】華日新	劉長海 校訂
紫微斗數捷覽（明刊孤本）附點校本	傳【宋】陳希夷	馮一、 心一堂術數古籍整理小組點校
紫微斗數全書古訣辨正	傳【宋】陳希夷	潘國森辨正
應天歌（修訂版）附格物至言	【宋】郭程撰	莊圓整理
壬竅	【清】無無野人小蘇郎逸	劉浩君校訂
奇門祕覈（臺藏本）	【元】佚名	李鏘濤、鄭同校訂
臨穴指南選註	【清】章仲山原著	梁國誠選註
皇極經世真詮—國運與世運	【宋】邵雍	李光浦